例文音読でマスター！
中国語文法

紅粉　芳惠
氷野　善寛
阿部慎太郎
板垣　友子
張　　軼欧
海　　暁芳

駿河台出版社
SURUGADAI SHUPPANSHA

本書の音声は駿河台出版社ウェブページから無料でダウンロードできます。
下記ＵＲＬを入力するか、弊社ウェブページから「例文音読でマスター！中国語文法」を検索し、音声をダウンロードしてください。ファイルは圧縮されていますので、スマートフォンでご利用の場合は解凍ソフトをアプリストアよりダウンロードの上、ご使用ください。

http://www.e-surugadai.com/books/isbn978-4-411-03120-4

また本書専用の特設ウェブページを利用することができます。

http://www.ch-station.org/master-chinese/

まえがき

　本書は初めて中国語を学ぶ学生を対象とした入門の教科書である。『例文音読でマスター中国語文法』（文法編）と『場面でマスター中国語会話』（会話編）の２冊を２年間かけて学ぶことで文法と会話の基礎から応用までをしっかり身につけられるように設計している。文法編では特に「読む力」「書く力」を、会話編では「聞く力」「話す力」を伸ばしていただきたい。外国語をマスターするためには文字、単語、文法を覚えるだけではなく、その言葉を使う人々の文化的背景や考え方、生活様式などを含めて学ぶことが求められる。現在日本には数多くの中国人旅行者が来日しており、街中ではいたるところで中国語に出会うことだろう。ぜひマスターした中国語を使ってそういった文化の一端に触れてもらいたい。

　文法編では文法の基本をマスターするために必要な数多くの例文と各課の文法項目をふんだんに盛り込んだ100字程度の文章を配置している。これらの中国語をしっかりと声に出し音読することで、中国語を運用する骨格を作ってもらえればと考えている。会話編では日本にやってきた留学生や旅行者との会話、また中国での現地の人との会話など、いくつもの場面を想定したリアルな会話を多数収録している。音読で培った基礎をもとに自由な会話を楽しんでいただきたい。

著者一同

目　次

発音編

ガイダンス　　　　　　　　　　8
① 声調・単母音・複母音　　　12
② 子音　　　　　　　　　　　18
③ 鼻母音　　　　　　　　　　22
④ ル化、組み合わせ、声調変化　26
ピンインルールまとめ　　　　30
発音総合練習　　　　　　　　32

文法編

UNIT01 ………………………… 36
　[1] 人称代名詞
　[2] 指示代名詞
　[3] 形容詞述語文

UNIT02 ………………………… 40
　[1] 程度副詞
　[2] 主述述語文
　[3] 時間の表現①
　　　年月日、曜日の言い方

UNIT03 ………………………… 44
　[1] 数詞 0〜2ケタの数
　[2] 名詞述語文
　[3] 時間の表現② 時刻、時間帯

UNIT04 ………………………… 48
　[1] 動詞 "是"
　[2] 副詞 "也" と "都"
　[3] 連体修飾と助詞の "的"
　[4] 省略疑問文

UNIT05 ………………………… 52
　[1] 動詞述語文
　[2] 量詞

UNIT06 ………………………… 56
　[1] 疑問詞疑問文
　[2] これまでに出てきた文型のまとめ

UNIT07 ………………………… 60
　[1] 選択疑問文
　[2] 反復疑問文
　[3] 疑問文のまとめ

UNIT08 ………………………… 64
　[1] 所有の "有"
　[2] 数詞 3ケタ以上の数

UNIT09 ………………………… 68
　[1] 場所を表す指示代名詞 と方位詞
　[2] 存在の "有"

UNIT10 ………………………… 72
　[1] 所在の "在"
　[2] 介詞の "在"

UNIT11 ………………………… 76
　[1] 動詞述語文における時間詞の位置

UNIT12 ………………………… 80
　[1] 場所・時間を導く介詞 "从／到"
　[2] 2点間の距離の遠近を表す介詞 "离"

UNIT13 ………………………… 84
　[1] 連動文
　[2] 動詞の重ね型

UNIT14 ………………………… 88
　[1] 時量（時間の長さ）
　[2] 時点と時量

UNIT15 ………………………… 92
　[1] 助動詞 "想／要"
　[2] 助動詞 "应该／得／要"

UNIT16 ………………………… 96
　[1] 助動詞 "会"
　[2] 助動詞 "能"

UNIT17 ………………………… 100
　[1] 助動詞 "可以"
　[2] 可能性の助動詞 "会"

UNIT18 ………………………… 104
　[1] 実現・完了の "了$_1$"
　[1] 変化・継続の "了$_2$"

UNIT19 ………………………… 108
　[1] "了" と時量

UNIT20 ………………………… 112
　[1] "是〜的" 構文

UNIT21 ………………………… 116
　[1] 存現文
　[2] 自然現象

UNIT22 …………………………… 120	UNIT37 …………………………… 182
[1] 二重目的語を取る動詞	[1] 疑問詞の呼応表現
[2] 介詞 " 给 / 跟 "	UNIT38 …………………………… 186
UNIT23 …………………………… 124	[1] 離合動詞
[1] 動作の回数	[2] 3つの de
[2] 経験の " 过 "	

簡体字練習帳

UNIT24 …………………………… 128	01 行書や草書を利用した漢字 192
[1] 進行	ごんべん・しょくへん
[2] " 在 " のまとめ	02 行書や草書を利用した漢字 194
UNIT25 …………………………… 132	いとへん・かねへん
[1] 持続の " 着 "	03 行書や草書を利用した漢字 196
[2] " 在 " との違い	鳥→鸟・書→书
UNIT26 …………………………… 136	04 行書や草書を利用した漢字 198
[1] 比較	車→车・東→东
[2] " 一点儿 " と " 有点儿 "	05 行書や草書を利用した漢字 200
UNIT27 …………………………… 140	貝→贝・見→见
[1] 近接未来の表現	06 漢字の一部が置き換わる 202
[2] 禁止表現	一部が日本の漢字と異なる
UNIT28 …………………………… 144	07 漢字の一部が特定のパーツに 204
[1] 結果補語	置き換わる
UNIT29 …………………………… 148	一部が日本の漢字と異なる
[1] 様態補語	08 微妙な違い 206
UNIT30 …………………………… 152	突き出る・突き出ない・点になる
[1] 単純方向補語	09 微妙な違い 208
[2] 複合方向補語	つながる・減る・向きが変わる
UNIT31 …………………………… 156	10 微妙な違い 210
[1] 方向補語の派生義	簡体字 = 繁体字
[1] 程度補語	11 一部を残して簡略化 212
UNIT32 …………………………… 162	電→电　開 → 开
[1] 可能補語	12 一部を残して簡略化 214
UNIT33 …………………………… 166	広→广　飛 → 飞
[1] " 把 " 構文	13 2つを1つに 216
UNIT34 …………………………… 170	復・複 → 复
[1] 複文	14 漢字の音に注目 218
[2] 呼応表現のまとめ	元 ・ 远 (yuan)
UNIT35 …………………………… 174	15 意味から想像 220
[1] 受身文	陽→阳　孫→孙
UNIT36 …………………………… 178	16 日本語では見ない字 222
[1] 兼語文	做、乒、吗、卡
[2] 使役文	

発音編

ガイダンス

　これから皆さんが学ぶ中国語は中国だけでなく、多くの国や地域で使われています。この教科書では中国語を使う人が最も多い中国に重点を置き、中国で使われる標準語——"普通话 pǔtōnghuà"を勉強していきます。

01 中国ってどんな国？

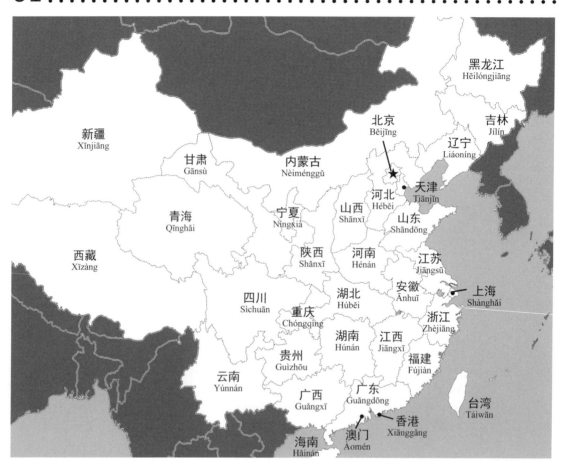

正式名称は **中华人民共和国** Zhōnghuá rénmín gònghéguó

首都は **北京** Běijīng

通貨は **人民币** rénmínbì

公用語は **普通话** pǔtōnghuà

国旗は **五星红旗** Wǔxīng-Hóngqí

漢族と55の少数民族からなる多民族国家
人口は **13.9亿人** yì rén

02 中国語とは

　中国では「中国語」とは言いません。「中国語」という言葉が指し示す範囲は限りなく抽象的です。なぜかというと中国は多民族国家で、漢族・朝鮮族・モンゴル族・チベット族など56の民族から構成されており、民族によっては朝鮮語・モンゴル語・チベット語のように独自の言語を持っています。そのため単に中国語と言ってしまうと、「中国で使われている言葉」という意味になり、これらの民族が使う言語も広い意味では中国語になってしまいます。

　これらの民族の中で人口の約9割を占めるのが漢族——"汉族 Hànzú"で、彼らが使っている言葉を漢語——"汉语 Hànyǔ"と言います。この"汉语"の中には"北京话 Běijīnghuà"（北京語）、"上海话 Shànghǎihuà"（上海語）、"广东话 Guǎngdōnghuà"（広東語）などの方言があり、これらの方言はドイツ語とフランス語ほどの差があると言われています。そこで全ての地域で通じる標準語として作られたのが"普通话 pǔtōnghuà"と呼ばれる、これから皆さんが勉強する言葉です。

> **Point** "普通话"と北京語
> この"普通话"はよく耳にする「北京語」とは違います。北京語は漢語の方言の一つで、日本で言えば、東京の下町言葉とアナウンサーが話している言葉の違いと考えれば分かりやすいかもしれません。"普通话"は北京語音を標準音とし、北方語を基礎方言とし、典型的な現代白話文の著作を文法規範として作られたものですが、建国以来の教育によって現在では広く使われるようになっています。

03 中国語が使われている地域

　これから学ぶ「中国語」の正体は分かりましたが、この「中国語」は中国大陸だけでなく、香港・台湾・シンガポール・マレーシアといった国や地域でも使われています。また世界各地にあるチャイナタウンや近年の旅行ブームで中国人が海外に行くようになったため、日本をはじめとする世界の多くの観光地で中国語が話されています。なお、中国大陸以外で使われている中国語は地域によって「普通話」、「国語」、「華語」などと呼ばれ、いわゆる中国の標準語である"普通话"とは異なるところもありますが、基本的には相互でコミュニケーションをとることができるので、"普通话"を覚えてしまえばかなり広い地域で使うことができます。

04 中国語の漢字──簡体字と繁体字

中国大陸やシンガポール、マレーシアでは漢字の一部を簡略化した"简体字 jiǎntǐzì"を使っています。一方、台湾や香港では筆画の多い"繁体字 fántǐzì"を使っています。日本の漢字はそれらの中間に位置します。

05 中国語の発音

中国人が日本語を学習するための本を見ていると、"高七扫一撒妈代西代 Gāo qī sǎo yī sā mā dài xī dài"というフレーズがありました。これは何かと言うと、「ごちそうさまでした」という日本語の発音を中国語の漢字音で記したものです。しかし、読んで分かるように、日本語の発音を正確に表してはいません。日本人学習者は中国語の音をカタカナで書きますが、これももちろん中国語の音を正確に表しているわけでなく、カタカナを使っていては辞書を引くことすらできません。そこで中国語の音を記録し、再現する装置として「ピンイン」があるわけです。

中国語の表記は日本語と同様に漢字を使います。この漢字は子音と母音の組み合わせでできています。たとえば"中国"の"中"は"zhōng"、"国"は"guó"と表記します。このローマ字を"拼音 pīnyīn"(ピンイン)と言い、ローマ字の上についている"ー"のような記号を"声调符号 shēngdiào fúhào"と言います。中国語を使えるようになるためには漢字の読み方であるピンインを覚えることから始めます。

1音節は子音＋母音（介音＋主母音＋鼻音）からなります。

> **Point** ピンインの読み方は英語の読み方と違う
> ピンインはローマ字を使いますが、英語の読み方とは違います。
> can, cong, she, he, die, women

06 中国語の単語

筆談の際に重要になるのが中国語の単語です。日本語と同形同義のものもあれば、同じ漢字なのに全く意味が違うものもあります。次の中国語はそれぞれどういう意味か想像してみましょう。

※（ ）内は日本の漢字

◆日本語と中国語で基本的に同じ単語　　　　　　　　　　　　　　　　🔊001

1. 历史 lìshǐ（歴史）
2. 经济 jīngjì（経済）
3. 文化 wénhuà（文化）
4. 场合 chǎnghé（場合）
5. 大学 dàxué
6. 手续 shǒuxù（手続）
7. 日本 Rìběn
8. 中国 Zhōngguó

◆日本語と中国語で形は同じだが、意味が異なる単語　　　　　　　　　🔊002

1. 手纸 shǒuzhǐ
2. 老婆 lǎopo
3. 爱人 àiren（愛人）
4. 丈夫 zhàngfu
5. 告诉 gàosu（告訴）
6. 工作 gōngzuò
7. 便宜 piányi
8. 汤 tāng（湯）

◆日本語では見かけない単語　　　　　　　　　　　　　　　　　　　🔊003

1. 高中 gāozhōng
2. 手机 shǒujī（手機）
3. 飞机 fēijī（飛機）
4. 电脑 diànnǎo（電脳）
5. 机器人 jīqìrén
6. 机器猫 jīqìmāo
7. 咖啡 kāfēi
8. 星巴克 Xīngbākè
9. 可乐 kělè（可楽）
10. 雅虎 Yǎhǔ
11. 谷歌 Gǔgē
12. 迪士尼乐园 Díshìní lèyuán（楽園）

07 中国語を発音してみよう　　　　　　　　　　　　　　　　　　🔊004

你好！　　　（こんにちは）
Nǐ hǎo!

谢谢！　　　（ありがとう）
Xièxie!

再见！　　　（さようなら）
Zàijiàn!

発音編①声調・単母音・複母音

01 声調とは

　中国語の発音はローマ字で表記されます。これは「ピンイン」と呼ばれています。日本の漢字にも一字一字に読み方があり、「ふりがな」を使ってその読み方を表します。中国語も同様で、漢字一字一字の読み方をピンインで表します。

　たとえば皆さんが中国語と聞いて思い浮かべる"你好"はピンインで書くと、"nǐ hǎo"となります。そしてこのローマ字の上についている記号が「声調符号」と言って、音の高低を示す記号です。この記号は四つあり「四声」と言います。中国語の漢字は同じ発音のものが多いのです。その場合、四つの声調で区別されますから、声調は大変重要と言えます。

　例えば……日本語の「お母さん」、「麻」、「馬」、「ののしる」はすべて中国語では ma マーという発音です。でも、「お母さん」は第1声 mā（妈）、「麻」は第2声 má（麻）、「馬」は第3声 mǎ（马）、「ののしる」は第4声 mà（骂）となり、声調で区別しなければ、どれを指しているのか分からないのです。まず声調から練習してみましょう。

02 四声　🔊005

第1声　ā　高く平らに

第2声　á　低いところから上にあげる

第3声　ǎ　低く押さえたまま

第4声　à　高いところから下げる

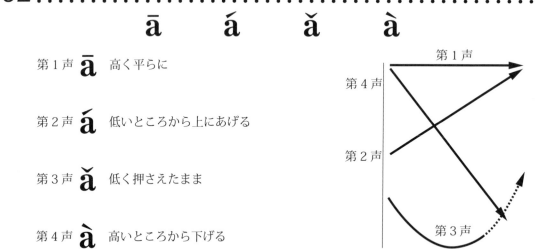

03 軽声　🔊006

　声調には上の四声のほか、軽声と呼ばれるものがあります。軽声が最初にくることはなく、第1声から第4声の後ろにつきます。軽声には声調符号をつけません。

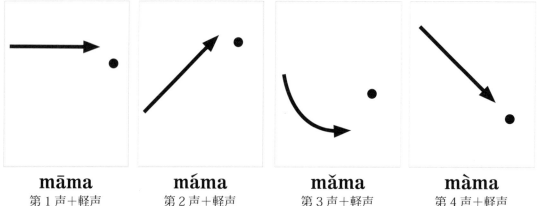

māma　第1声＋軽声　　máma　第2声＋軽声　　măma　第3声＋軽声　　màma　第4声＋軽声

練習してみよう

1. 先生の後について発音してみよう。　🔊007

| mǎ | má | mā | mà |
| má | mà | mā | mǎ |

2. 次の声調記号を ma で発音してみよう。　🔊008

(1) ー　ヽ　ˊ　ˇ
(2) ヽ　ˊ　ˇ　ー
(3) ˊ　ˇ　ー　ヽ

3. 発音を聞いて正しい声調を選んでみよう。　🔊009

(1) ① mā　② má
(2) ① mà　② mǎ
(3) ① mā　② mà
(4) ① má　② mǎ

4. 先生の後について発音してみよう。　🔊010

| māma | máma | mǎma | màma |
| máma | mǎma | màma | māma |

5. 発音を聞いて正しい声調を選んでみよう。　🔊011

(1) ① māma　② máma
(2) ① mǎma　② màma
(3) ① màma　② máma
(4) ① máma　② mǎma

04 単母音

a 　口を大きく開けてはっきり「アー」。

o 　日本語の「オ」よりも唇を丸くして発音する。

e 　日本語の「エ」の唇の形で「オ」と発音する。

i 　唇を左右に引いて「イー」とはっきり発音する。

u 　日本語の「ウ」よりも唇を丸く突き出して発音する。

ü 　上の「u」の唇の形で「イー」と発音する。

er 　口を半開きにしてあいまいな「ア」を発音した後、すぐに舌先を上に向ける。

Point ピンインルール1

　i、u、üは子音がつかず、母音だけで発音する場合には、yi、wu、yu とつづります。

　i → yi　　　u → wu　　　ü → yu

練習してみよう

1. 先生の後について発音してみよう。　　　　　　　　　　　　　013

(1)	ā	ó	è	yī	yí
(2)	wǔ	wǒ	yú	èr	ěr
(3)	wǔ	ó	è	yī	yì
(4)	ǒ	yǔ	yú	èr	ěr

2. まず①〜④の発音を聞き、5番目に発音した音がどれか選んでみよう。　014

(1)	①ā	②á	③ǎ	④à
(2)	①ō	②ó	③ǒ	④ò
(3)	①ē	②é	③ě	④è
(4)	①yī	②yí	③yǐ	④yì
(5)	①wū	②wú	③wǔ	④wù
(6)	①yū	②yú	③yǔ	④yù
(7)	①ēr	②ér	③ěr	④èr

3. 発音を聞いて、どちらのピンインが正しいか選んでみよう。　　　015

(1)	①wù	②yù
(2)	①ē	②wū
(3)	①yú	②yí
(4)	①wǔ	②ǒ

05 複母音　　🔊016

　　2つ、あるいは3つ連なる母音を滑らかに発音します。

二重母音　ai　　　　e̲i　　　　ao　　　　ou

　　　　　ia(ya)　　ie̲(ye)　　ua(wa)　　uo(wo)　　üe̲(yue)

三重母音　iao(yao)　iou(you)　uai(wai)　ue̲i(wei)

※複合母音で ia, ie, ua, uo, üe, iao, iou, uai, uei の前に子音がつかない場合は、（　）の中の表記になります。

※下線が引かれた複母音の e は日本語の「エ」に近い音になります。

Point　ピンインルール2

複母音でも前に子音がつかない場合は、

i → y　　u → w　　ü → yu　に書き換えます。

Point　ピンインルール3——消える o と e

子音＋ iou、uei の場合には、発音とピンイン表記が変化するので注意しましょう。

・iou の前に子音がつくと o が消えて、-iu となります。

l ＋ iou ＝ liu 例：liù（"六"）
j ＋ iou ＝ jiu 例：jiǔ（"九"）

・uei の前に子音がつくと e が消えて、-ui となります。

d ＋ uei ＝ dui 例：duì（"对"…正しい）
h ＋ uei ＝ hui 例：huì（"会"…できる）

Point　ピンインルール4——声調符号のつけ方

1) 母音が1つなら母音の上に
2) 母音が複数ある時は
　①a があれば a の上につける
　②a がなければ o か e につける
　③-iu, -ui の場合は後ろにつける
※i の上に声調符号をつける時は点を取って　yī　yí　yǐ　yì

練習してみよう

1. 先生の後について発音してみよう。　　　　🔊017

āi	ái	ǎi	ài	ēi	éi	ěi	èi
āo	áo	ǎo	ào	ōu	óu	ǒu	òu
yā	yá	yǎ	yà	yē	yé	yě	yè
wā	wá	wǎ	wà	wō	wó	wǒ	wò
yuē	yué	yuě	yuè	yāo	yáo	yǎo	yào
yōu	yóu	yǒu	yòu	wāi	wái	wǎi	wài
wēi	wéi	wěi	wèi				

2. 発音を聞いて正しい声調符号を書き入れてみよう。　　🔊018

ai	ao	ou	wai	ei
you	yue	ye	wai	ao
ei	ye	wo	you	yue

3. 発音を聞いて、どちらのピンインが正しいか選んでみよう。　🔊019

(1) ① āi　　② ēi
(2) ① áo　　② óu
(3) ① yǎ　　② yě
(4) ① yào　② yòu
(5) ① wǎ　　② wǒ
(6) ① wài　② wèi

4. 発音を聞いて、どちらのピンインが正しいか選んでみよう。　🔊020

(1) ① yǒu　② yǔ
(2) ① yào　② yòu
(3) ① èi　　② wèi
(4) ① wǎi　② ǎi
(5) ① yuè　② yè

発音編② 子音

01 子音（声母）とは　　　　　　　　　　　　　　　　　　　　　　　🔊021

　「あ、い、う、え、お」はローマ字表記すると「a、i、u、e、o」となりますね。「か、き、く、け、こ」は「ka、ki、ku、ke、ko」ですね。この「k」の部分にあたるのが中国語では「子音」と呼ばれ、前回学んだ母音a,o,e,i,u,üの前にbやkなどの子音がついて「音節」になります。子音は全部で21個あり、発音する部位によっていくつかのグループに分けられます。21個の子音の発音のしかたをしっかりと見ていきましょう。

	無気音	有気音	鼻音	摩擦音	有声音
両唇音 上下の唇を合わせる	b(o)	p(o)	m(o)		
唇歯音 上の歯を下唇にあてる				f(o)	
舌尖音 舌先を上の歯の裏につける	d(e)	t(e)	n(e)		l(e)
舌根音 舌全体を奥に引く	g(e)	k(e)		h(e)	
舌面音 舌面を上に接近させる	j(i)	q(i)		x(i)	
そり舌音 舌をそり上げる	zh(i)	ch(i)		sh(i)	r(i)
舌歯音 舌先を下の歯の裏につける	z(i)	c(i)		s(i)	

※子音だけでは発音できないので、普通（　）内の母音をつけて練習します。

02 発音のポイント

◆有気音と無気音

　中国語の子音の中には無気音と有気音のペアが6組あります。無気音はイキをそっと出し、有気音はイキを強く吐き出しながら発音します。音声を聞き比べてみましょう。

🔊022

無気音	有気音
爸 bà	怕 pà
大 dà	他 tā
歌 gē	渇 kě
鸡 jī	七 qī
纸 zhǐ	吃 chī
字 zì	词 cí

🔊023

bo	po	ba	pa	bu	pu
de	te	da	ta	di	ti
ge	ke	gu	ku	gao	kao
ji	qi	ju	qu	jue	que
zha	cha	zhe	che	zhao	chao
zi	ci	ze	ce	zao	cao

◆両唇音：**b(o)**　　　**p(o)**　　　**m(o)**　　　　　　　　　　🔊024
　上下の唇をしっかりと閉じる。
　bo はこの構えで「ポー」、イキを強く出して「ポー」と発音すると po。
　　［発音してみよう］ba　　bai　　pei　　pao　　biao
◆唇歯音：**f(o)**　　　　　　　　　　　　　　　　　　　　　　　🔊025
　上の歯で下唇に軽く触れる。
　　［発音してみよう］fa　　fou　　fu　　fei　　fo
◆舌尖音：**d(e)**　　　**t(e)**　　　**n(e)**　　　**l(e)**　　　🔊026
　舌先を上の歯の裏につける。
　　［発音してみよう］da　　tai　　nou　　liao　　nao
◆舌根音：**g(e)**　　　**k(e)**　　　**h(e)**　　　　　　　　　　🔊027
　舌全体を奥に引き、上あごに近づけます。
　　［発音してみよう］gai　　kou　　hao　　ga　　kai
◆舌面音：**j(i)**　　　**q(i)**　　　**x(i)**　　　　　　　　　　🔊028
　舌の前の部分を上歯茎の少し出っ張った部分に近づける。ji を発音する際は、左右に口をしっかりとひいて「チ」、同じ構えで強くイキを出せば qi、「シ」と発音すると xi。
　　［発音してみよう］jia　　qiao　　qie　　xu　　xue
◆そり舌音：**zh(i)**　　　**ch(i)**　　　**sh(i)**　　　**r(i)**　🔊029
　舌先を歯茎より少し奥の盛り上がったところに当てる。この構えで「チ」で zhi、イキを強く出すと chi、少し舌先の隙間をあけて「シ」で shi、同じ構えで「リ」で ri。
　　［発音してみよう］zha　　chai　　zhao　　shei　　ruo
◆舌歯音：**z(i)**　　　**c(i)**　　　**s(i)**　　　　　　　　　　🔊030
　舌先全体を下の歯と歯茎に押しつける。その状態で i の口の形を作り「ツ」と発音すると zi、同じ構えで「ツ」とイキを強く出して発音すると ci、同じ構えで「ス」と発音すると si。
　　［発音してみよう］za　　zou　　ca　　se　　sai

◆**f と h の違い**
　f：下唇に軽く上の歯をあてる。
　h：両唇は触れず、喉の奥から。日本語の「は、ひ、へ、ほ」の音に近い。
◆**間違いやすい zi ci si**
　i の音に注意が必要です。口の形は「イ」です。
◆**3 つの i**　　　　　　　　　　　　　　　　　　　　　　　　　🔊031
　i は子音の組み合せにより 3 つの異なった音になります。聞き比べてみましょう。
　　（クリアな i）　　　　ji　　qi　　xi
　　（こもった i）　　　　zhi　　chi　　shi
　　（「ウー」に近い i）　　zi　　ci　　si

> ## Point　ピンインルール 5 ── ü を u とつづる時がある
> 　j, q, x の後ろに ü が続く場合は u とつづります。
> 　　jü　→　ju　　qüe　→　que　　xüe　→　xue
> 　※ l と n は母音 u と母音 ü の両方と結びつくため、lu, nu と lü, nü とつづります。

発音編 ②

練習してみよう

1. 発音を聞いて、正しいピンインを選んでみよう。　　🔊032

　　(1)　①**bo**　②**po**　　　　(2)　①**pou**　②**po**
　　(3)　①**de**　②**te**　　　　(4)　①**tu**　②**te**
　　(5)　①**gou**　②**kou**　　　(6)　①**die**　②**tie**
　　(7)　①**fu**　②**hu**　　　　(8)　①**kai**　②**gai**
　　(9)　①**ma**　②**ne**　　　　(10)　①**hou**　②**fou**

2. 発音を聞いて（　　）に子音を書き入れ、さらに声調符号をつけてみよう。　🔊033

　　(1)　(　)**ao**　　　　(2)　(　)**ai**
　　(3)　(　)**u**　　　　(4)　(　)**i**
　　(5)　(　)**iao**　　　(6)　(　)**e**
　　(7)　(　)**uo**　　　(8)　(　)**ui**
　　(9)　(　)**o**　　　　(10)　(　)**ou**

3. 発音を聞いてピンインを書き取ってみよう。　　🔊034

　　(1)　[　　　　]　　(2)　[　　　　]
　　(3)　[　　　　]　　(4)　[　　　　]
　　(5)　[　　　　]　　(6)　[　　　　]
　　(7)　[　　　　]　　(8)　[　　　　]
　　(9)　[　　　　]　　(10)　[　　　　]

4. 発音を聞いて、正しいピンインを選んでみよう。　035

(1) ①ji　②qi　　(2) ①qi　②chi
(3) ①se　②su　　(4) ①xu　②shu
(5) ①ri　②li　　(6) ①xi　②shi
(7) ①she　②se　　(8) ①zhi　②chi
(9) ①ze　②zi　　(10) ①zao　②cao

5. 発音を聞いて（　）に子音を書き入れ、さらに声調符号をつけてみよう。　036

(1) （　）i　　(2) （　）ue
(3) （　）ie　　(4) （　）i
(5) （　）ei　　(6) （　）e
(7) （　）ia　　(8) （　）iao
(9) （　）u　　(10) （　）a

6. 発音を聞いてピンインを書き取ってみよう。　037

(1) [　　]　　(2) [　　]
(3) [　　]　　(4) [　　]
(5) [　　]　　(6) [　　]
(7) [　　]　　(8) [　　]
(9) [　　]　　(10) [　　]

7. 1〜10の発音を聞いて、声調符号をつけてみよう。　038

一 yi　　二 er　　三 san　　四 si　　五 wu

六 liu　　七 qi　　八 ba　　九 jiu　　十 shi

発音編③ 鼻母音

01 鼻母音

中国語の母音にはnやngで終わるものがあり、これらを鼻母音と言います。私たちは意識していませんが、日本語で「ん」と表す音には、実は下記のような違いがあります。

案　　内：あんない（-n）
案　　外：あんがい（-ng）
あんパン：あんぱん（m、両唇が触れる）
三　　円：さんえん（鼻にかかる音）

02 nとngの違い

◆ -nは舌先を上の歯の裏につけて、口からイキが出ないようにして、鼻のほうに抜いて「ン」。

🔊 039

an	e̲n	ian (yan)	in (yin)
uan (wan)	ue̲n (we̲n)	ün (yun)	üan (yuan)

※下線が引かれたeは日本語の「エ」に近い音になります。

◆ -ngは舌のつけ根を上につけて口へのイキの流れを止めて「ん」。

🔊 040

ang	eng	iang (yang)	ing (ying)	- ong
uang (wang)	ueng (weng)			iong (yong)

※（　）内は前に子音がつかない時の表記です。

> **Point** nかngか
>
> nかngか迷った時は、一部例外はありますが、漢字を音読みして……
> 　「ン」で終われば　→　n
> 　　安全 ānquán　　担任 dānrèn　　新闻 xīnwén
> 　「イ」または「ウ」で終われば　→　ng
> 　　情况 qíngkuàng　　英雄 yīngxióng　　正常 zhèngcháng

[発音してみよう] 鼻母音　　　🔊041

| an | — | ang | en | — | eng |
| in | — | ing | ian | — | iang |

[発音してみよう] 子音＋鼻母音　　　🔊042

ban	—	bang	pan	—	pang
gan	—	gang	zhan	—	zhang
can	—	cang	nin	—	ning

[発音してみよう] "e" と "a"　　　🔊043

"e" は単母音と鼻母音の "eng" の時はあいまいな音になりますが、二重母音の "e" と鼻母音の "en" の時は「エ」に近い音になります。"a" は "-ian" の時だけ「エ」に近い音になります。

bei　pei　lei　ben　pen　zhen　chen　wen

yan　bian　pian　mian　dian　tian　nian　lian　jian　qian　xian

[発音してみよう] -eng と -ong の違い　　　🔊044

"eng" は口を横に引いて「オン」、"ong" は口を突き出して「オン」と発音します。

beng	**peng**	**meng**	**feng**
deng-dong	teng-tong	neng-nong	leng-long
geng-gong	keng-kong	heng-hong	
zheng-zhong	cheng-chong	sheng	reng-rong
zeng-zong	ceng-cong	seng-song	

[発音してみよう] 単語の中にある -n, -ng に注意しながら読んでみましょう。　　　🔊045

日本	中国	韓国	英国
Rìběn	**Zhōngguó**	**Hánguó**	**Yīngguó**
青椒肉丝	冰淇淋	小笼包	矿泉水
qīngjiāo ròusī	**bīngqílín**	**xiǎolóngbāo**	**kuàngquánshuǐ**

> ## Point　ピンインルール6——またしても消える e
> uen の前に子音がつくと e が消えて、-un となります。
> 　例）k ＋ uen → kun　　　c ＋ uen → cun

練習してみよう

1. 発音を聞いて、正しいピンインを選んでみよう。　　🔊046

　(1)　①bang　②ban　　　　(2)　①jian　②jiang
　(3)　①deng　②dong　　　(4)　①zheng　②zhang
　(5)　①yan　②yang　　　　(6)　①jiong　②zhong
　(7)　①xun　②shun　　　　(8)　①jing　②jun
　(9)　①jiang　②zhang　　(10)　①chun　②zhun

2. 発音を聞いて（　）に鼻母音を書き入れ、さらに声調符号をつけてみよう。　🔊047

　(1)　qia(　)　　　　(2)　jia(　)
　(3)　ji(　)　　　　　(4)　gu(　)
　(5)　fe(　)　　　　　(6)　he(　)
　(7)　gua(　)　　　　(6)　qi(　)
　(9)　zha(　)　　　　(10)　ba(　)

3. 発音を聞いてピンインを書き取ってみよう。　　🔊048

　(1)　[　　　　]　　(2)　[　　　　]
　(3)　[　　　　]　　(4)　[　　　　]
　(5)　[　　　　]　　(6)　[　　　　]
　(7)　[　　　　]　　(8)　[　　　　]
　(9)　[　　　　]　　(10)　[　　　　]

4. 中国人の名字を聞いて、ピンインで書き取ってみよう。　　　🔊 049
　　（※固有名詞をピンインで書く場合、1文字目は大文字になります。）

(1) 李 _____　　(2) 王 _____

(3) 张 _____　　(4) 刘 _____

(5) 陈 _____　　(6) 杨 _____

(7) 赵 _____　　(8) 黄 _____

(9) 周 _____　　(10) 吴 _____

5. 日本人の名字を聞いて、ピンインで書き取ってみよう。　　　🔊 050

(1) 佐藤 _____　　(2) 铃木 _____

(3) 高桥 _____　　(4) 田中 _____

(5) 渡边 _____　　(6) 伊藤 _____

(7) 山本 _____　　(8) 中村 _____

(9) 小林 _____　　(10) 加藤 _____

発音編 ③

発音編④ ル化、組み合わせ、声調変化

01 ル化　　　　　　　　　　　　　　　　　　　　　　　　　　　　　　🔊 051

音節の末尾に"ル"がつくと、直前の母音を発音した後に、舌をそり上げます。ピンインは"er"ではなく"r"だけをつけます。

①最終母音 +r　　　　　　　　　　　花儿 huār（花）　猫儿 māor（猫）
②音節の末尾が -n【→n が落ちて r】　一点儿 yìdiǎnr（少し）　玩儿 wánr（遊ぶ）
③音節の末尾が -ng【→前の母音を鼻音化】　空儿 kòngr（ひま）　电影儿 diànyǐngr（映画）
④複母音で末尾が -i【→i が落ちて r】　小孩儿 xiǎoháir（子供）
⑤末尾が単母音 i【→i を er にして発音】　事儿 shìr（こと）　词儿 círr（語句）

02 声調の組み合わせ　　　　　　　　　　　　　　　　　　　　　　　　

中国語の単語の多くは 2 音節です。音の組み合わせパターンをしっかり覚えましょう。　🔊 052

	-1	-2	-3	-4	-0
1-	māmā	māmá	māmǎ	māmà	māma
2-	mámā	mámá	mámǎ	mámà	máma
3-	mǎmā	mǎmá	mǎmǎ	mǎmà	mǎma
4-	màmā	màmá	màmǎ	màmà	màma

実際の単語で発音してみましょう。　🔊 053

	-1	-2	-3	-4	-0
1-	咖啡 kāfēi（コーヒー）	中国 Zhōngguó（中国）	机场 jīchǎng（空港）	车站 chēzhàn（駅）	衣服 yīfu（服）
2-	熊猫 xióngmāo（パンダ）	足球 zúqiú（サッカー）	牛奶 niúnǎi（牛乳）	学校 xuéxiào（学校）	学生 xuésheng（学生）
3-	老师 lǎoshī（先生）	旅游 lǚyóu（旅行する）	手表 shǒubiǎo（腕時計）	感冒 gǎnmào（風邪）	早上 zǎoshang（朝）
4-	汽车 qìchē（車）	外国 wàiguó（外国）	日本 Rìběn（日本）	电话 diànhuà（電話）	月亮 yuèliang（月）

03 声調変化のルール

①第3声の声調変化

第3声＋第3声　→　第2声＋第3声

第3声と第3声が続く場合、前の第3声が第2声に変化します。

你好 nǐ hǎo（こんにちは）は ní hǎo と発音します。

※声調符号は第3声のまま表記します。

②不 bù の声調変化

否定を表す"不"bù は、本来は第4声ですが、後ろに第4声が続く場合には、第2声に変化します。
※この教科書では第2声に書き換えてあります。

不谢 bù xiè（どういたしまして）は bú xiè と発音します。

③一 yī の声調変化

"一"yī は本来は第1声ですが、後ろに第1声、第2声、第3声がくると第4声になり、第4声がくると第2声に変化します。
※この教科書では変化後の声調に書き換えてあります。

"一"+第1声
　一千（1000）yìqiān

"一"+第2声
　一年（1年）yì nián

"一"+第3声
　一百（100）yìbǎi

"一"+第4声
　一万（10000）yí wàn

ただし、"一"yī が順番をあらわす場合には、本来の第1声のままになります。
例：

一月一号（1月1日）yīyuè yī hào

第一名（第1位）dì yī míng

一百一十一（111）yìbǎi yīshiyī

04 ピンインの復習

最後にこれまで学習したピンインの読み方で注意が必要なものを再度確認してみましょう。

◆ ü の発音 ……「ユ」ではなく、唇を丸く突き出してフルートを吹くような唇の形で「イ」。
　　［発音してみよう］ yú　　jú　　qù　　xū　　　　　　　　　　　　🔊054

◆ ian（yan）は「イエン」、 iang（yang）は「イアン」。
　　［発音してみよう］ yán　　jiàn　　qián　　xiān　　lián　　miàn　　tiān　🔊055
　　　　　　　　　　　yáng　　jiàng　　qiáng　　xiāng　　liáng

◆ eng は「エン」ではなく、口を横に開いて「オん」。en は「エン」。
　　［発音してみよう］ mèng　　mén　　pèng　　pèn　　děng　　　　🔊056

◆ zi, ci, si の i は「ヅー」「ツー」「スー」のように口を横に引いて「ウ」。
　　［発音してみよう］ zì　　cì　　sì　　　　　　　　　　　　　　🔊057

◆ c は「ツ」の音でスタートする。
　　［発音してみよう］ cā　　cài　　cǎo　　cān　　　　　　　　　🔊058

◆ q は「チ」の音でスタートする。
　　［発音してみよう］ qù　　què　　qiān　　quán　　qǐng　　　　🔊059

◆ u は j, q, x と組み合わさった場合は ü の発音になるが、ピンイン表記は u のまま。その他の子音では「ウ」と発音する。
　　［発音してみよう］ jù　　qù　　xū　　gù　　kù　　mù　　　　🔊060

◆ e の発音いろいろ
母音 e は非常にあいまいな音で、組み合わさる子音や母音により音色が変わります。
　①母音 e だけの場合と単独で子音と組み合わさる場合、日本語の「エ」の唇の形で「オ」と発音する。
　　è（饿 … お腹が空く）　　　gē（歌 … 歌）　　　　　　　　　　🔊061
　　hē（喝 … 飲む）　　　　　rè（热 … 暑い）
　②他の単母音と組み合わさって複母音になる場合、日本語の「エ」に近い音になる。　🔊062
　　xué（学 … 勉強する）　　xiě（写 … 書く）　　gěi（给 … あげる）
　③ eng の場合にはあいまいな音になり、e と同じく口は「エ」の形で「オん」と発音する。
　　fēng（风 … 風）　　　　děng（等 … 待つ）　　mèng（梦 … 夢）　🔊063
　④軽声で発音される語では、 e はさらにあいまいな音になる。
　　le（了 … 完了をあらわす）　　de（的 … 〜の）　　　　　　　🔊064

練習してみよう

1. 2音節の単語の発音を聞き、ピンインを書いてみよう。　　🔊065

   (1) 东京　　　　　　　　　　　　(2) 美国

   (3) 北京　　　　　　　　　　　　(4) 中国

   (5) 四川　　　　　　　　　　　　(6) 印度

   (7) 大阪　　　　　　　　　　　　(8) 香港

   (9) 福建　　　　　　　　　　　　(10) 日本

2. 3音節の単語の発音を聞き、ピンインを書いてみよう。　　🔊066

   (1) 汉堡包　　　　　　　　　　　(2) 小笼包

   (3) 冰棋淋　　　　　　　　　　　(4) 出租车

   (5) 乒乓球　　　　　　　　　　　(6) 图书馆

   (7) 自行车　　　　　　　　　　　(8) 太极拳

   (9) 大学生　　　　　　　　　　　(10) 有意思

3. フレーズの発音を聞き、ピンインを書いてみよう。　　🔊067

   (1) 学汉语　　　　　　　　　　　(2) 学日语

   (3) 去大学　　　　　　　　　　　(4) 去学校

   (5) 吃饺子　　　　　　　　　　　(6) 吃炒饭

ピンインルールまとめ

01 ピンインのつづり方

1) 単母音 **i, u, ü** の前に子音がつかない場合は **yi, wu, yu**。

2) 単母音以外で **i, u, ü** で始まる音節は次のようにつづる。

i → y	例）ia → ya	ie → ye
yi	例）in → yin	ing → ying
u → w	例）ua → wa	uai → wai
ü → yu	例）üe → yue	üan → yuan

3) **iou, uei, uen** の前に子音がつくと真ん中の **o, e** が消える。

iou	q+iou → qiu
uei	h+uei → hui
uen	c+uen → cun

4) 隔音マーク［'］
次の音節が **a, o, e** で始まる場合、前の音節との区切りをはっきりと示すため［'］をつける。

天安门 Tiān'ānmén　　　西安 Xī'ān

5) 固有名詞と文頭は大文字にする。

日本 Rìběn　中国 Zhōngguó　李大力 Lǐ Dàlì　山田太郎 Shāntián Tàiláng
我是日本人。Wǒ shì Rìběnrén.

6) ピンイン表記の場合は単語ごとに分けてつづる。

我是日本人。Wǒ shì Rìběnrén.

7) //（ダブルスラッシュ）
辞書では一部の動詞のピンインに //（ダブルスラッシュ）記号がついている。これは離合動詞であることをあらわしている。

毕业 bì//yè　　　帮忙 bāng//máng　　　结婚 jié//hūn

02 声調符号ルール

1) 母音が1つなら母音の上に
2) 母音が複数ある時
　① **a** があれば **a** の上につける
　② **a** がなければ **o** か **e** につける（※ **o** と **e** が同時に組み合わされることはない）
　③ -iu,-ui の場合は後ろにつける

※ **i** の上に声調符号をつける時は上の点を取って　yī　yí　yǐ　yì

03 違う音になるピンイン

1) 3つの i 🔊 068

[ʅ]（こもった i）	zhi	chi	shi	ri
[ɿ]（「ウ」に近い i）	zi	ci	si	
[i]（クリアな i）	ji	qi	xi	

2) 2つの u

| u | wu | gu | hu |
| ü | yu | ju | qu |

3) a と e

「エ」に近い a	yan	qian	xian
「ア」と発音する a	yang	qiang	
「エ」と発音する e	jue	xue	

04 声調変化

1) 第3声の連続 🔊 069

第3声が連続する時は前の第3声を第2声で読む。

第3声＋第3声 → 第2声→第3声 ※声調符号は変更しない。

你好 nǐ hǎo　　　我跑 wǒ pǎo

我想买五把雨伞。 Wǒ xiǎng mǎi wǔ bǎ yǔsǎn.

2) "不"の変調

"不" bù は後ろに第4声がきた場合だけ第2声に読む。　※この教科書では変更。

不喝 bù hē　　　　不来 bù lái

不买 bù mǎi　　　　不怕 bù pà　→ bú pà

3) "一"の変調

後ろにくる漢字の声調によって第4声か第2声に変わる。　※この教科書では変更。

一般　yī＋第1声　→ yìbān　　　一年　yī＋第2声　→ yì nián

一起　yī＋第3声　→ yìqǐ　　　一共　yī＋第4声　→ yígòng

例外：序数・年月日などは第1声のまま

一月一号 yīyuè yī hào　　　　　第一课 dì yī kè

ピンインルール

発音総合練習

1. 表記されているピンインと一致する音声の番号に○をつけよう。 🔊070

   (1) shǒuxù　　①　　②　　③　　④
   (2) xīnkǔ　　①　　②　　③　　④
   (3) zuǒyòu　　①　　②　　③　　④
   (4) jīngyàn　　①　　②　　③　　④
   (5) zhǎngdà　　①　　②　　③　　④

2. これから読む発音と一致するものを、①〜④の中から1つ選ぼう。 🔊071

   (1)　①jū　　②qū　　③qī　　④jī
   (2)　①zhǔn　②chún　③jǔn　④xǔn
   (3)　①kān　　②cōng　③cāng　④cān
   (4)　①lù　　②lǜ　　③rè　　④rù
   (5)　①bāi　　②pāi　　③pēi　　④hāi

3. 4つの単語のうち、声調の組み合わせが違うものに○をつけよう。 🔊072

   (1)　①　　②　　③　　④
   (2)　①　　②　　③　　④
   (3)　①　　②　　③　　④
   (4)　①　　②　　③　　④
   (5)　①　　②　　③　　④

4. 発音したピンインに○をつけよう。 🔊073

   (1) chōng　　chūn　　　(2) xiě　　xuě
   (3) fēi　　hēi　　　(4) réng　　léng
   (5) shuō　　shōu　　　(6) jù　　zhù　　zù
   (7) lè　　lú　　　(8) sè　　shì　　sì
   (9) qī　　qù　　cù　　(10) chù　　rè　　nè
   (11) shū　　sū　　xū　　(12) zhǎ　　zǎ　　zě

5. 先生が発音したピンインを書き取ろう。

   (1) _____
   (2) _____
   (3) _____
   (4) _____
   (5) _____

6. あいさつ表現を2回ずつ発音するので、ピンインで書き取ろう。　　　074

(1) 你好。

(2) 你早。

(3) 晚上好。

(4) 谢谢。

(5) 不谢。

(6) 不客气。

(7) 对不起。

(8) 没关系。

(9) 再见。

(10) 生日快乐。

7. 教室で使う表現を2回ずつ発音するので、ピンインで書き取ろう。　　　075

(1) 同学们好！

(2) 老师好！

(3) 现在点名。

(4) 高桥同学。

(5) 到。

(6) 请打开第三十四页。

(7) 请再说一遍。

(8) 同学们，再见。

(9) 老师，再见。

文法編

UNIT 01

01 人称代名詞 🔊077

英語の人称代名詞は I（私は / が）・my（私の）・me（私に）・mine（私のもの）と文中での位置によって言い方が変わりますが、中国語の人称代名詞にはこのような変化はありません。下表の10種類を覚えるだけでOKです。

	第1人称 わたし	第2人称 あなた	第3人称 彼・彼女
単数	我 wǒ	你 nǐ 您 nín	他 tā 她 tā
複数	我们 wǒmen 咱们 zánmen	你们 nǐmen	他们 tāmen 她们 tāmen

□ "咱们" は話し手と聞き手を含んだ「私たち」を表し、話し言葉に用いるややくだけた言い方です。

□ "他们" は全てが男性、または男性＋女性の場合に使います。

02 指示代名詞 🔊078

中国語は2分割で空間的、時間的、心理的に近ければ "这 zhè"、遠ければ "那 nà" を使い、疑問は "哪 nǎ" となります。

文中での位置	近称 ←这→	中称 ←这／那→	遠称 ←那→	疑問
主語	这 zhè/zhèi これ、それ	那 nà/nèi それ、あれ		哪 nǎ/něi どれ
主語と目的語	这个 zhège/zhèige これ・この、それ・その 那个 nàge/nèige　それ・その、あれ・あの			哪个 nǎge/něige どれ、どの
主語と目的語	这些 zhèxiē/zhèixiē これら（の）、それら（の） 那些 nàxiē/nèixiē　それら（の）、あれら（の）			哪些 nǎxiē/něixiē どれ、どの（複数）

□表の指示代名詞の発音は2つ書かれていますが、／（スラッシュ）の右側は話し言葉でよく使われます。

03 形容詞述語文 🔊079

形容詞述語文は、人や物の性質や状態を表す文です。

●肯定文　主語＋ "很 hěn" などの程度を表す副詞＋形容詞

今天 很 热。
Jīntiān hěn rè.

中国菜 非常 好吃。
Zhōngguócài fēicháng hǎochī.

俄罗斯 最 大。
Éluósī zuì dà.

単語Check 🔊076
□ 今天 jīntiān（今日）
□ 热 rè（熱い、暑い）
□ 很 hěn（とても）
□ 中国菜 Zhōngguócài（中国料理）
□ 非常 fēicháng（とても、非常に）
□ 俄罗斯 Éluósī（ロシア）
□ 最 zuì（最も、一番）
□ 大 dà（大きい）
□ 昨天 zuótiān（昨日）
□ 好吃 hǎochī（美味しい）
□ 小 xiǎo（小さい）

"很 hěn" は元々「とても」という意味ですが、形容詞述語文の中で使われる場合は、強く読まないかぎり、「とても」という意味を表しません。

では、主語の性質や状態を表す時になぜ程度を表す副詞が必要かというと、《主語＋形容詞》という文型は「比較・対照」を表すからです。

今天 很 冷。
Jīntiān hěn lěng.

今天 冷。(【昨日に比べて】今日のほうが寒い。)
Jīntiān lěng.

● 否定文　主語＋"不 bù"＋形容詞

昨天 不 热。
Zuótiān bú rè.

中国菜 不 太 好吃。
Zhōngguócài bú tài hǎochī.

俄罗斯 不 小。
Éluósī bù xiǎo.

● 疑問文　主語＋形容詞＋"吗 ma"？

今天 热 吗？
Jīntiān rè ma?

中国菜 好吃 吗？
Zhōngguócài hǎochī ma?

俄罗斯 大 吗？
Éluósī dà ma?

□形容詞述語文は時制に関係なく、"不 bù"で否定します。例文では"昨天"（昨日）という時間を表す言葉があるので、日本語に訳す時は、「昨日は暑くなかった」とすればいいのです。
「それほど（あまり）…でない」という部分否定は、《"不太 bú tài"＋形容詞》で表します。

□疑問文は主語の性質や状態が分からないので尋ねているのですから、通常は程度を表す副詞をつけず、主語のすぐ後に形容詞を置きます。

単語＋　基本的な形容詞　　🔊 080

大 dà（大きい）	快 kuài（[速度が] 速い）	胖 pàng（太っている）
小 xiǎo（小さい）	慢 màn（[速度が] 遅い）	瘦 shòu（痩せている）
长 cháng（長い）	贵 guì（[値段が] 高い）	高 gāo（[建物、背が] 高い）
短 duǎn（短い）	便宜 piányi（[値段が] 安い）	矮 ǎi（背が低い）
多 duō（多い）	热 rè（暑い、熱い）	好吃 hǎochī（[食べ物が] 美味しい）
少 shǎo（少ない）	冷 lěng（寒い、冷たい）	好喝 hǎohē（[飲み物が] 美味しい）
早 zǎo（[時間的に] 早い）	暖和 nuǎnhuo（暖かい）	
晚 wǎn（[時間的に] 遅い）	凉快 liángkuai（涼しい）	

Check　日本語に合う中国語を書き入れてみよう

1. この料理　（　　　　）菜　　　　2. あの料理　（　　　　）菜
3. どの料理　（　　　　）菜　　　　4. この人　　（　　　　）人
5. あの人　　（　　　　）人　　　　6. どの人　　（　　　　）人
7. これら本　（　　　　）书　　　　8. あれらの本（　　　　）书
9. これはおいしいです。　　　　　　10. あれは値段が高いです。
　　（　　　　）很好吃。　　　　　　　　那个（　　　　）。

💬 言ってみよう

▶料理の味を尋ねて、答えてみよう

この料理は（　　　）ですか？

这个菜_____？　　　这个菜_____。
Zhèige cài　　　　　　　　　　　Zhèige cài

> 酸 suān（酸っぱい）
> 甜 tián（甘い）
> 苦 kǔ（苦い）
> 辣 là（辛い）
> 咸 xián（塩辛い）

▶今日の暑さを尋ねて、答えてみよう

今日は（　　　）ですか？

今天_____？　　　今天_____。
Jīntiān　　　　　　　　　　　　Jīntiān

> 热 rè（暑い、熱い）
> 冷 lěng（寒い、冷たい）
> 暖和 nuǎnhuo（暖かい）
> 凉快 liángkuai（涼しい）

🅰 訳してみよう

1. これは（値段が）高い。

_____

2. 彼女は背が低い。

_____

3. あなたは太っていない。

_____

4. 今日は暖かい。

_____

5. これはとても美味しいよ。

_____

音読にチャレンジ

081

STEP 1 中国語 + ピンイン

①这个 菜 好吃，那个 菜 不 好吃。②这些 书 很 贵，
Zhèige cài hǎochī, nèige cài bù hǎochī.　Zhèixiē shū hěn guì,

那些 书 很 便宜。③昨天 暖和，今天 很 冷。
nèixiē shū hěn piányi.　Zuótiān nuǎnhuo, jīntiān hěn lěng.

STEP 2 ピンイン

①Zhèige cài hǎochī, nèige cài bù hǎochī. ②Zhèixiē shū hěn guì, nèixiē shū hěn piányi. ③Zuótiān nuǎnhuo, jīntiān hěn lěng.

下線はそり舌音、網掛けは有気音をそれぞれ表しています。注意して発音しましょう。

STEP 3 中国語

①这个菜好吃，那个菜不好吃。②这些书很贵，那些书很便宜。③昨天暖和，今天很冷。

STEP 4 日本語→中国語

①この料理はおいしくて、あの料理はおいしくない。②これらの本は（値段が）高く、それらの本は安い。③昨日は暖かく、今日は寒い。

UNIT 02

01 程度副詞 🔊083

副詞は情報を伝える時に鍵となるパーツで、具体的には程度・範囲・頻度・時間・否定・話し手の気持ちなどを表します。

她 真 漂亮。
Tā zhēn piàoliang.

我 非常 高兴。
Wǒ fēicháng gāoxìng.

昨天 很 热, 今天 更 热。
Zuótiān hěn rè, jīntiān gèng rè.

単語＋ よく使う程度副詞 🔊084

最 zuì（最も、いちばん）	还 hái（なお一層）
真 zhēn（本当に）	十分 shífēn（十分に）
太 tài（はなはだしく）	非常 fēicháng（非常に、極めて）
很 hěn（とても）	特别 tèbié（とりわけ、特に）
更 gèng（さらに）	

02 主述述語文 🔊085

「彼は背が高い。」を中国語にすると、日本語と全く同じ語順になります。このような「××は〜が…だ」という文型を主述述語文と言います。述語である主述句が、主語がどうであるかを説明・描写しています。

主語	述語	
大主語（××は）	小主語（〜が）	小述語（…だ）
彼は	背が	高い。
他 Tā	个子 gèzi	很高 hěn gāo。

她 个子 很 矮。
Tā gèzi hěn ǎi.

北京 冬天 非常 冷。
Běijīng dōngtiān fēicháng lěng.

中国 人口 最 多。
Zhōngguó rénkǒu zuì duō.

単語 Check 🔊082

- ☐ 漂亮 piàoliang（きれい）
- ☐ 高兴 gāoxìng（うれしい）
- ☐ 个子 gèzi（背丈）
- ☐ 北京 Běijīng（北京）
- ☐ 冬天 dōngtiān（冬）
- ☐ 中国 Zhōngguó（中国）
- ☐ 人口 rénkǒu（人口）

☐多くの副詞は文中では、述語である動詞・形容詞の前に置きます。

Check フレーズを中国語に訳してみよう

1. 本当に寒い

2. とりわけ多い

3. 最も（背が）高い

4. さらに暑い

03 時間の表現① 年月日、曜日の言い方

中国では1911年の辛亥革命で清朝が倒れると、元号が廃止され、それ以降は西暦を使っています。《年》は「粒読み」と言って、数字を一つずつ読んでいきます。

《月》は日本語と同じく"月 yuè"を使いますが、《日》は、話し言葉の場合は"号 hào"を、書き言葉の場合は"日 rì"を使います。

●年　　🔊086

1949 年　yījiǔsìjiǔ nián

2002 年　èrlínglíng'èr nián

2017 年　èrlíngyīqī nián

2020 年　èrlíng'èrlíng nián

●月　　🔊087

几月？ Jǐ yuè?（何月？）

一月 yīyuè	二月 èryuè	三月 sānyuè
四月 sìyuè	五月 wǔyuè	六月 liùyuè
七月 qīyuè	八月 bāyuè	九月 jiǔyuè
十月 shíyuè	十一月 shíyīyuè	十二月 shí'èryuè

●日　　🔊088

几号？ Jǐ hào?（何日？）

一号 yī hào	二号 èr hào	三号 sān hào
十号 shí hào	十一号 shíyī hào	十二号 shí'èr hào
二十号 èrshí hào	二十五号 èrshiwǔ hào	三十一号 sānshiyī hào

●曜日　　🔊089

星期几？ Xīngqī jǐ?（何曜日？）

星期一 xīngqīyī（月曜日）　　星期二 xīngqī'èr（火曜日）

星期三 xīngqīsān（水曜日）　　星期四 xīngqīsì（木曜日）

星期五 xīngqīwǔ（金曜日）　　星期六 xīngqīliù（土曜日）

星期天 xīngqītiān（日曜日）　　星期日 xīngqīrì（日曜日）

□日付を含む文は名詞述語文と言い、名詞が述語になります。例：今天二号。Jīntiān èr hào.（今日は2日である）、明天星期五。Míngtiān xīngqīwǔ.（明日は金曜日だ）（☞ UNIT03「2. 名詞述語文」）
□ただし否定の時は、"不是 bú shì"が必要です。（☞UNIT04「1.動詞"是"」)

□"礼拜一 lǐbàiyī"（月曜日）、"周一 zhōuyī"（月曜日）のように"礼拜〜"、"周〜"という言い方もあります。

Check 中国語に訳し、さらにピンインを書いてみよう

1. 水曜日
2. 2018年
3. 6月19日
4. 11月12日

💬 言ってみよう

▶日付を聞いて、答えてみよう

今天 几月 几号 星期几?
Jīntiān jǐ yuè jǐ hào xīngqī jǐ?

7月

星期一 xīngqīyī	星期二 xīngqī'èr	星期三 xīngqīsān	星期四 xīngqīsì	星期五 xīngqīwǔ	星期六 xīngqīliù	星期天 xīngqītiān
26	27	28	29	30	1	2
3	4	5	6	7	8	9
10	11	12	今天 13 jīntiān	14	15	16
17	18	19	20	21	22	23
24	25	26	27	28	29	30
31	1	2	3	4	5	6

あ 訳してみよう

1. 今日は7月13日木曜日です。

　_____

2. 彼は背が高い。

　_____

3. 北京は2月が一番寒い。

　_____

4. 上海は7月が非常に暑い。

　_____

5. 今日はあまり寒くない。

　_____

音読にチャレンジ

STEP 1 中国語 + ピンイン

①今天 七月 五 号 星期三, 今天 很 热。 ②今天 课 很 多,
　Jīntiān qīyuè wǔ hào xīngqīsān, jīntiān hěn rè.　　Jīntiān kè hěn duō,

我 很 忙。
wǒ hěn máng.

STEP 2 ピンイン

①Jīntiān qīyuè wǔ hào xīngqīsān, jīntiān hěn rè. ②Jīntiān kè hěn duō,

wǒ hěn máng.

STEP 3 中国語

①今天七月五号星期三,今天很热。②今天课很多,我很忙。

STEP 4 日本語→中国語

①今日は7月5日水曜日、今日は暑い。②今日は授業が多く、私は忙しい。

UNIT 03

01 数詞 0～2ケタの数　　🔊092

0～99までは、アラビア数字を漢数字に変えて発音すればよいので、まずは基本の0～10までをしっかり覚えましょう。

"十 shí" の読み方には注意が必要です。一の位がない場合はしっかりと第2声で発音しますが、一の位がある場合は "二十一 èrshiyī" のように軽声で発音します。

零 líng	一 yī	二 èr	三 sān
四 sì	五 wǔ	六 liù	七 qī
八 bā	九 jiǔ	十 shí	十一 shíyī
十二 shí'èr	十三 shísān		十四 shísì
二十 èrshí	二十一 èrshiyī		三十二 sānshi'èr
四十三 sìshisān	五十四 wǔshisì		六十五 liùshiwǔ
七十六 qīshiliù	八十七 bāshiqī		九十八 jiǔshibā
九十九 jiǔshijiǔ			

単語 Check 🔊091
- 现在 xiànzài
  （今、現在）
- 上海人 Shànghǎirén
  （上海出身）
- 岁 suì（～歳）

02 名詞述語文　　🔊093

名詞述語文とは、名詞、名詞フレーズ、数量詞などが述語になる文です。具体的には年月日・時刻・出身地・年齢・数量などを表す場合に使います。

名詞述語文は話し言葉で多く用いられます。

今天 六月 十五 号 星期四。
Jīntiān liùyuè shíwǔ hào xīngqīsì.

明年 二〇一八 年。
Míngnián èrlíngyībā nián.

现在 晚上 七点。
Xiànzài wǎnshang qī diǎn.

他 上海人。
Tā Shànghǎirén.

我 十六 岁。
Wǒ shíliù suì.

- 否定する時は、"今天 不是 六月十五号星期四。" のように "不是" を挿入します。

Check　〇に適当な語を入れて訳してみよう

1. 今日は〇月〇日です。

2. 私は〇〇出身です。

3. 私は〇歳です。

03 時間の表現② 時刻、時間帯

中国語では「～時」は"点 diǎn"、「二時」は"二点"ではなく、"两点"です。これは昔、鐘をつく回数で時刻を告げていたためです。「～分」は日本語と同じで"分 fēn"と言います。1分～9分は前に"零 líng"をつけて、"零一分 líng yī fēn"～"零九分 líng jiǔ fēn"と言います。"刻 kè"は英語のquarterの音訳で、"一刻 yí kè"は15分、"三刻 sān kè"は45分のことです。「×時○分前」は"差 chà ○分 fēn ×点 diǎn"と言います。"差 chà"は「足りない」という意味で、先に何分足りないかを言います。

●時刻

几点几分？ Jǐ diǎn jǐ fēn?（何時何分） ◀094

1:00	一点 yī diǎn / yì diǎn
2:02	两点零二分 liǎng diǎn líng èr fēn
3:15	三点十五（分）sān diǎn shíwǔ(fēn)
	三点一刻 sān diǎn yí kè
4:30	四点三十（分）sì diǎn sānshí(fēn)
	四点半 sì diǎn bàn
5:45	五点四十五（分）wǔ diǎn sìshiwǔ(fēn)
	五点三刻 wǔ diǎn sān kè
6:58	六点五十八（分）liù diǎn wǔshibā(fēn)
	差两分七点 chà liǎng fēn qī diǎn

□ "一点"（一時）は"yī diǎn"と発音する人も、"yì diǎn"と発音する人もいます。

●時間帯 ◀095

白天 báitiān（昼間）	早上 zǎoshang（朝）
	上午 shàngwǔ（午前）
	中午 zhōngwǔ（正午）
	下午 xiàwǔ（午後）
夜里 yèli（夜間）	傍晚 bàngwǎn（夕方）
	晚上 wǎnshang（夜）

□「先週の日曜日」は"上（个）星期天 shàng(ge) xīngqītiān"、「今週の水曜日」は"这（个）星期三 zhèi(ge) xīngqīsān"、「来週の土曜日」は"下（个）星期六 xià(ge) xīngqīliù"。
「おとといの夜」は"前天晚上 qiántiān wǎnshang"、「今朝」は"今天早上 jīntiān zǎoshang"、「明日の夕方」は"明天傍晚 míngtiān bàngwǎn"。

●時間の流れ ◀096

日	前天 qiántiān	昨天 zuótiān	今天 jīntiān	明天 míngtiān	后天 hòutiān
週	上上（个）星期 shàngshàng(ge) xīngqī	上（个）星期 shàng(ge) xīngqī	这（个）星期 zhèi(ge) xīngqī	下（个）星期 xià(ge) xīngqī	下下（个）星期 xiàxià(ge) xīngqī
月	上上（个）月 shàngshàng(ge) yuè	上（个）月 shàng(ge) yuè	这（个）月 zhèi(ge) yuè	下（个）月 xià(ge) yuè	下下（个）月 xiàxià(ge) yuè
年	前年 qiánnián	去年 qùnián	今年 jīnnián	明年 míngnián	后年 hòunián

💬 言ってみよう

▶時間を聞いて答えてみよう

现在几点几分？
Xiànzài jǐ diǎn jǐ fēn?

1. 朝6時15分（2通りの言い方で）
   zǎoshang liù diǎn shíwǔ fēn / zǎoshang liù diǎn yí kè

2. 午前9時20分
   shàngwǔ jiǔ diǎn èrshí fēn

3. 正午12時
   zhōngwǔ shí'èr diǎn

4. 午後2時45分（2通りの言い方で）
   xiàwǔ liǎng diǎn sìshiwǔ fēn / xiàwǔ liǎng diǎn sān kè

5. 9時55分（2通りの言い方で）
   jiǔ diǎn wǔshiwǔ fēn / chà wǔ fēn shí diǎn

🅐 訳してみよう

1. 今日は水曜日ですか。

2. 昨日は月曜日ではありません。

3. あなたは16歳ですか。

4. 今は11時3分前です。

5. 今週の日曜日の午前4時

音読にチャレンジ

🔊 097

STEP 1 中国語＋ピンイン　☐☐☐

① 去年 2019 年，今年 2020 年。② 我 今年 17 岁，明年 18 岁。
　Qùnián èrlíngyījiǔ nián, jīnnián èrlíngèrlíng nián.　Wǒ jīnnián shíqī suì, míngnián shíbā suì.

③ 昨天 五月 九 号 星期六，今天 五月 十 号 星期天。④ 现在 上午
　Zuótiān wǔyuè jiǔ hào xīngqīliù, jīntiān wǔyuè shí hào xīngqītiān.　Xiànzài shàngwǔ

十 点 半。
shí diǎn bàn.

STEP 2 ピンイン　☐☐☐

① Qùnián èrlíngyījiǔ nián, jīnnián èrlíngèrlíng nián. ② Wǒ jīnnián shíqī suì, míngnián shíbā suì. ③ Zuótiān wǔyuè jiǔ hào xīngqīliù, jīntiān wǔyuè jiǔ hào xīngqītiān. ④ Xiànzài shàngwǔ shí diǎn bàn.

STEP 3 中国語　☐☐☐

① 去年 2019 年，今年 2020 年。② 我今年 17 岁，明年 18 岁。③ 昨天五月九号星期六，今天五月九号星期天。④ 现在上午十点半。

STEP 4 日本語→中国語　☐☐☐

① 去年は 2019 年、今年は 2020 年です。② 私は今年 17 歳で、来年は 18 歳です。③ 昨日は 5 月 9 日土曜日で、今日は 5 月 9 日は日曜日です。④ 現在、午前 10 時半です。

UNIT 03

UNIT 04

01 動詞 "是" 🔊099

動詞 "是 shì" は "A 是 B"（A は B である）というように、"是 shì" の左右にあるものがイコールで結ばれる文を作ります。

● 肯定文　"A 是 B。"

我 是 日本人。
Wǒ shì Rìběnrén.

他们 是 中国人。
Tāmen shì Zhōngguórén.

● 否定文　"A 不是 B。"

我 不 是 日本人。
Wǒ bú shì Rìběnrén.

他们 不 是 中国人。
Tāmen bú shì Zhōngguórén.

● 疑問文　"A 是 B 吗？"

你 是 日本人 吗？
Nǐ shì Rìběnrén ma?

是。Shì. ／ 对。Duì.（はい。）

他们 是 中国人 吗？
Tāmen shì Zhōngguórén ma?

不是。Bú shì.（いいえ。）

□ 中国語は英語と違って、主語が単数でも複数でも動詞は "是" で OK です。

□ "不 bù" は後にくる漢字の声調によって読み方が変わります。

"不" ＋第1声、第2声、第3声→第4声のまま
例）不吃 bù chī
　　不来 bù lái
　　不买 bù mǎi

"不" ＋第4声→第2声に変わる
例）不是 bú shì
　　不去 bú qù

02 副詞 "也" と "都" 🔊100

副詞の "也 yě" は「…も、…もまた」、"都 dōu" は「どちらも、みんな」という意味です。

我 也 是 日本人。
Wǒ yě shì Rìběnrén.

他们 都 是 中国人。
Tāmen dōu shì Zhōngguórén.

どちらも動詞の前に置きますが、「…もみな」と2つを同時に使う場合は "也都" の語順になります。

她们 也 都 是 中国人。
Tāmen yě dōu shì Zhōngguórén.

□ 日本語では「みんな」と言えば、3人以上を指しますが、"都 dōu" は 2 人以上から使えます。日本語に訳す場合、2人とはっきり分かっていれば、「どちらも、いずれも」と訳しましょう。

否定を表す副詞 "不 bù" と一緒に使う場合

"也不"「…も～でない」　我 也 不 是 日本人。
Wǒ yě bú shì Rìběnrén.

① "都不"…全否定になり、「(例外なく) 全て～でない」

他们 都 不 是 中国人。
Tāmen dōu bú shì Zhōngguórén.

② "不都"…部分否定になり、「みながみな～ではない」

他们 不 都 是 中国人。
Tāmen bù dōu shì Zhōngguórén.

更に "也 yě" が加わると……

他们 也 都 不 是 中国人。
Tāmen yě dōu bú shì Zhōngguórén.

他们 也 不 都 是 中国人。
Tāmen yě bù dōu shì Zhōngguórén.

03 連体修飾と助詞の"的" 🔊101

名詞や代名詞が名詞を修飾する（＝連体修飾語）場合に、中国語では助詞の"的"が接着剤の働きをします。

> 我的手机 wǒ de shǒujī（私の携帯電話）
>
> 她的手表 tā de shǒubiǎo（彼女の腕時計）
>
> 图书馆的书 túshūguǎn de shū（図書館の本）

日本語の「の」と使い方は似ているのですが、次のような場合は中国語では"的"は省略されます。

①人称代名詞＋親族名称・所属機関・人間関係

> 我妈妈 wǒ māma（私の母）
>
> 他哥哥 tā gēge（彼のお兄さん）
>
> 我们学校 wǒmen xuéxiào（私たちの学校）
>
> 你们公司 nǐmen gōngsī（あなたたちの会社）
>
> 我同学 wǒ tóngxué（私のクラスメート）
>
> 她朋友 tā péngyou（彼女の友達）

②国名、言語などが前について熟語化しているもの

> 中国老师 Zhōngguó lǎoshī（中国人の先生）
>
> 汉语课本 Hànyǔ kèběn（中国語の教科書）
>
> 英文杂志 Yīngwén zázhì（英語の雑誌）

また"的"の後にくる名詞が前後関係から分かるときには、名詞を省略することができます。

> 我的 wǒ de（私の / 私のもの）
>
> 老师的 lǎoshī de（先生の / 先生のもの）

04 省略疑問文 🔊102

「名詞（人称代名詞）＋"呢 ne"？」の形で、「〜は？」と疑問を表すことができます。日本語でも同様の疑問文があるので、理解しやすいですね。

> 他呢？　　　　　　　　（彼は？＝どこにいるの？）
> Tā ne?
>
> 我的钥匙呢？　　　　　（私の鍵は？＝どこにあるの？）
> Wǒ de yàoshi ne?
>
> 我是日本人，你呢？　　（私は日本人ですが、あなたは？）
> Wǒ shì Rìběnrén, nǐ ne?

単語Check 🔊098

- 是 shì（〜である）
- 日本人 Rìběnrén（日本人）
- 中国人 Zhōngguórén（中国人）
- 的 de（〜の）
- 手机 shǒujī（携帯電話）
- 手表 shǒubiǎo（腕時計）
- 图书馆 túshūguǎn（図書館）
- 书 shū（本）
- 妈妈 māma（お母さん）
- 哥哥 gēge（お兄さん）
- 学校 xuéxiào（学校）
- 公司 gōngsī（会社）
- 同学 tóngxué（クラスメート）
- 朋友 péngyou（友達）
- 老师 lǎoshī（先生）
- 汉语 Hànyǔ（中国語）

UNIT 04

💬 言ってみよう

▶国籍を聞いて、答えてみよう

你是中国人吗？　Nǐ shì Zhōngguórén ma?

中国	日本	美国	韩国
Zhōngguó	Rìběn	Měiguó	Hánguó
		（アメリカ）	（韓国）

▶出身地を聞いて、答えてみよう

你是北京人吗？　Nǐ shì Běijīngrén ma?

北京	上海	大连	西安
Běijīng	Shànghǎi	Dàlián	Xī'ān
东京	爱知	大阪	福冈
Dōngjīng	Àizhī	Dàbǎn	Fúgāng

□出身地を言うときには"都市名＋人"となります。東京出身なら"东京人 Dōngjīngrén"、大阪出身なら"大阪人 Dàbǎnrén"です。"海，连，东，爱，阪，冈"の簡体字に注意しましょう。

▶身分を聞いて、答えてみよう

你是高中生吗？　Nǐ shì gāozhōngshēng ma?

高中生	初中生	大学生	留学生	老师
gāozhōngshēng	chūzhōngshēng	dàxuéshēng	liúxuéshēng	lǎoshī
（高校生）	（中学生）	（大学生）	（留学生）	（先生、教師）

🅰 訳してみよう

1. あなたは高校生ですか。

_____

2. 彼も中国人ではありません。

_____

3. 私たちはみな留学生ではありません。

_____

4. 私は東京出身ですが、あなたは？

_____

5. 私たちはみながみな大阪出身ではありません。

_____

音読にチャレンジ

STEP 1 中国語 + ピンイン

①我 是 高桥 美雪， 我 是 留学生。 ②这 是 我 的 同学， 木下 香。
　Wǒ shì Gāoqiáo Měixuě, wǒ shì liúxuéshēng.　 Zhè shì wǒ de tóngxué, Mùxià Xiāng.

③我们 都 是 大阪人。 ④我们 的 老师 是 中国人。 ⑤她 个子 很 高，
　Wǒmen dōu shì Dàbǎnrén.　Wǒmen de lǎoshī shì Zhōngguórén.　Tā gèzi hěn gāo,

人 也 很 漂亮。 ⑥她 的 日语 很 好。 ⑦你们 的 老师 呢？
rén yě hěn piàoliang.　Tā de Rìyǔ hěn hǎo.　Nǐmen de lǎoshī ne?

STEP 2 ピンイン

① Wǒ shì Gāoqiáo Měixuě, wǒ shì liúxuéshēng. ② Zhè shì wǒ de tóngxué, Mùxià Xiāng. ③ Wǒmen dōu shì Dàbǎnrén. ④ Wǒmen de lǎoshī shì Zhōngguórén. ⑤ Tā gèzi hěn gāo, rén yě hěn piàoliang. ⑥ Tā de Rìyǔ hěn hǎo. ⑦ Nǐmen de lǎoshī ne?

STEP 3 中国語

①我是高桥美雪，我是留学生。②这是我的同学，木下香。③我们都是大阪人。④我们的老师是中国人。⑤她个子很高，人也很漂亮。⑥她的日语很好。⑦你们的老师呢？

STEP 4 日本語→中国語

①私は高橋美雪で、留学生です。②こちらは私のクラスメートの木下香さんです。③私たちはどちらも大阪出身です。④私たちの先生は中国人です。⑤彼女は背が高く、きれいです。⑥彼女の日本語は上手です。⑦あなたたちの先生はどうですか。

UNIT 05

01 動詞述語文

動詞が述語になる文を動詞述語文と言います。UNIT04で学んだ"是 shì"の文（"A 是 B"「A は B である」）も動詞述語文です。

単語＋	基本的な動詞	🔊 105
吃 chī（食べる）		买 mǎi（買う）
喝 hē（飲む）		坐 zuò（座る、乗る）
学（学习）xué (xuéxí)（学ぶ）		骑 qí（乗る）
听 tīng（聞く）		做 zuò（する）
写 xiě（書く）		玩儿 wánr（遊ぶ）
看 kàn（見る、読む）		工作 gōngzuò（働く）
说 shuō（話す）		喜欢 xǐhuan（好きである）
去 qù（行く）		起床 qǐ//chuáng（起きる）
来 lái（来る）		睡（睡觉）shuì(shuì//jiào)（寝る）

□ "喜欢 xǐhuan"は、"我喜欢她。Wǒ xǐhuan tā."（私は彼女が好きです。）のように直接、目的語に名詞を取ることもできますし、"我喜欢学汉语。Wǒ xǐhuan xué Hànyǔ."（私は中国語を勉強するのが好きです。）のように動詞フレーズを目的語に取ることもできます。英語の "like" の使い方と同じですね。

● 肯定文　主語＋動詞＋目的語　🔊 106

我 吃 中国菜。
Wǒ chī Zhōngguócài.

我们 都 学 汉语。
Wǒmen dōu xué Hànyǔ.

他 喜欢 看 中国电影。
Tā xǐhuan kàn Zhōngguó diànyǐng.

● 否定文　主語＋"不"＋動詞＋目的語

他 不 喝 咖啡。
Tā bù hē kāfēi.

我 哥哥 不 看 电视。
Wǒ gēge bú kàn diànshì.

她 不 喜欢 吃 辣 的。
Tā bù xǐhuan chī là de.

● 疑問文　主語＋動詞＋目的語＋"吗"？

你 去 中国 吗？—（我）去。／不 去。
Nǐ qù Zhōngguó ma?—（Wǒ）qù. / Bú qù.

你 买 汉语词典 吗？—（我）买。／不 买。
Nǐ mǎi Hànyǔ cídiǎn ma?—（Wǒ）mǎi. / Bù mǎi.

你 喜欢 骑 自行车 吗？—（我）喜欢。／不 喜欢。
Nǐ xǐhuan qí zìxíngchē ma?—（Wǒ）xǐhuan. / Bù xǐhuan.

□ 多くの副詞は文中では、述語である動詞・形容詞の前に置きます。

単語 *Check* 🔊 104

□ 电影 diànyǐng（映画）
□ 电视 diànshì（テレビ）
□ 辣 là（辛い）
□ 词典 cídiǎn（辞典）
□ 自行车 zìxíngchē（自転車）

Check 上の基本的な動詞をヒントに訳してみよう

1. 彼らは中国に行きます。

2. 私はこれを買いません。

3. あなたは中国語を勉強しますか。

02 量詞　　　📢107

日本語では数量を表す時に助数詞をつけますが、中国語も同様に"量词 liàngcí"をつけます。数えるモノが何であるかによって、どの量詞を使うかが決まっているので、量詞と名詞はペアで覚えましょう。

量詞	用法	例
个 ge	人のほか特定の量詞がないもの（〜個、〜つ）	人 rén（人） 学生 xuésheng（学生） 朋友 péngyou（友達） 菜 cài（料理） 苹果 píngguǒ（リンゴ） 杯子 bēizi（コップ） 本子 běnzi（ノート） 东西 dōngxi（もの） 礼物 lǐwù（プレゼント）
口 kǒu	家族の人数	人 rén
位 wèi	人（敬意をこめて）	老师 lǎoshī（教師） 客人 kèren（客） 先生 xiānsheng（…さん=男性） 小姐 xiǎojie（…さん=若い女性） 医生 yīshēng（医者）
把 bǎ	手に持って使う道具	伞 sǎn（傘） 椅子 yǐzi（椅子）
杯 bēi	カップに入っているもの	茶 chá（茶）　水 shuǐ（水） 咖啡 kāfēi（コーヒー） 可乐 kělè（コーラ） 牛奶 niúnǎi（牛乳）
本 běn	書籍	词典 cídiǎn（辞書） 书 shū（本） 杂志 zázhì（雑誌）
家 jiā	店・会社	饭店 fàndiàn（ホテル、レストラン） 公司 gōngsī（会社） 商店 shāngdiàn（商店） 书店 shūdiàn（本屋） 医院 yīyuàn（病院） 银行 yínháng（銀行）
件 jiàn	服・荷物・事柄	衬衫 chènshān（シャツ） 毛衣 máoyī（セーター） 衣服 yīfu（服） 事情 shìqing（こと、用事）
辆 liàng	タイヤ・車輪のある乗り物	出租汽车 chūzū qìchē（タクシー） 公共汽车 gōnggòng qìchē（バス） 自行车 zìxíngchē（自転車）
瓶 píng	ビンに入っているもの	可乐 kělè（コーラ） 牛奶 niúnǎi（牛乳） 啤酒 píjiǔ（ビール） 水 shuǐ（水）
双 shuāng	左右で対になっているもの	筷子 kuàizi（箸） 鞋 xié（くつ） 脚 jiǎo（足=くるぶし〜つま先） 手 shǒu（手） 眼睛 yǎnjing（目）
条 tiáo	細長いもの	狗 gǒu（イヌ）　鱼 yú（魚） 裤子 kùzi（ズボン） 毛巾 máojīn（タオル） 裙子 qúnzi（スカート） 河 hé（川）　路 lù（道）
张 zhāng	大小関係なく平面のもの	报纸 bàozhǐ（新聞） 地图 dìtú（地図） 票 piào（切符） 邮票 yóupiào（切手） 照片 zhàopiàn（写真） 纸 zhǐ（紙） 床 chuáng（ベッド） 桌子 zhuōzi（机、テーブル）
只 zhī	小動物、対の一方	狗 gǒu（イヌ） 鸡 jī（ニワトリ） 猫 māo（ネコ） 熊猫 xióngmāo（パンダ） 耳朵 ěrduo（耳）
支 zhī	ペン類	钢笔 gāngbǐ（ペン） 铅笔 qiānbǐ（鉛筆）
种 zhǒng	人やモノの種類	办法 bànfǎ（方法） 困难 kùnnan（困難） 水果 shuǐguǒ（果物） 药 yào（薬）

UNIT 05

□数詞＋量詞＋名詞、または指示代名詞＋数詞＋量詞＋名詞の語順になります。
□モノを数える時の「2」は "二 èr" ではなく "两 liǎng" となります。
　一个人 yí ge rén（1人の人）　两把伞 liǎng bǎ sǎn（2本の傘）
□指示代名詞がつくと、数字の "一" は省略されます。
　这本词典 zhèi běn cídiǎn（この辞書）
　那三辆自行车 nèi sān liàng zìxíngchē（あの3台の自転車）

言ってみよう

▶イラストを見て、数を数えてみよう

訳してみよう

1. 私は2冊雑誌を買います。

2. 彼は水を3杯飲みます。

3. 私はこのセーターが好きではありません。

4. あなたはどの料理が好きですか。

5. その自転車は私の妹のです。

音読にチャレンジ

🔊 108

STEP 1 中国語+ピンイン ☐☐☐

①今天 星期天，我 不 工作。②早上 我 吃 一 个 面包，喝 一 杯 咖啡。
Jīntiān xīngqītiān, wǒ bù gōngzuò. Zǎoshang wǒ chī yí ge miànbāo, hē yì bēi kāfēi.

③上午 我 去 新宿，买 一 件 衣服、一 双 鞋。④下午 我 看 电影，
Shàngwǔ wǒ qù Xīnsù, mǎi yí jiàn yīfu、yì shuāng xié. Xiàwǔ wǒ kàn diànyǐng,

我 喜欢 看 美国 电影。⑤晚上 我 吃 中国菜，我 喜欢 吃 辣 的。
wǒ xǐhuan kàn Měiguó diànyǐng. Wǎnshang wǒ chī Zhōngguócài, wǒ xǐhuan chī là de.

STEP 2 ピンイン ☐☐☐

①Jīntiān xīngqītiān, wǒ bù gōngzuò. ②Zǎoshang wǒ chī yí ge miànbāo, hē yì bēi kāfēi. ③Shàngwǔ wǒ qù Xīnsù, mǎi yí jiàn yīfu、yì shuāng xié. ④Xiàwǔ wǒ kàn diànyǐng, wǒ xǐhuan kàn Měiguó diànyǐng. ⑤Wǎnshang wǒ chī Zhōngguócài, wǒ xǐhuan chī là de.

STEP 3 中国語 ☐☐☐

①今天星期天，我不工作。②早上我吃一个面包，喝一杯咖啡。③上午我去新宿，买一件衣服、一双鞋。④下午我看电影，我喜欢看美国电影。⑤晚上我吃中国菜，我喜欢吃辣的。

STEP 4 日本語→中国語 ☐☐☐

①今日は日曜日なので、私は仕事をしません。②朝、私はパンを1つ食べ、コーヒーを1杯飲みました。③午前中は新宿に行って、服と靴を買いました。④午後は映画を見ましたが、私はアメリカ映画を見るのが好きです。⑤夜は中国料理を食べたのですが、私は辛いものを食べるのが好きです。

UNIT 05

UNIT 06

01 疑問詞疑問文　　　🔊110

中国語の疑問詞疑問文は、日本語と同様に尋ねたい位置に疑問詞を置けばいいのです。疑問詞疑問文には文末の"吗"は不要で、"？"マークを必ずつけます。

だれ	她是谁？—她是我姐姐。	Tā shì shéi? — Tā shì wǒ jiějie.
なに	你喝什么？—我喝红茶。	Nǐ hē shénme? — Wǒ hē hóngchá.
どんな	你看什么电影？—我看美国电影。	Nǐ kàn shénme diànyǐng? — Wǒ kàn Měiguó diànyǐng.
いつ	你什么时候去上海？—我今年寒假去。	Nǐ shénme shíhou qù Shànghǎi? — Wǒ jīnnián hánjià qù.
なんじ	你每天几点起床？—每天6点半起床。	Nǐ měi tiān jǐ diǎn qǐchuáng? — Měi tiān liù diǎn bàn qǐchuáng.
どこ	你去哪儿？—我去便利店。	Nǐ qù nǎr? — Wǒ qù biànlìdiàn.
どれ	你要哪个？—我要这个。	Nǐ yào něige? — Wǒ yào zhèige.
どのように	你的名字怎么写？—这么写。	Nǐ de míngzi zěnme xiě? — Zhème xiě.
なぜ	你为什么/怎么不吃？—因为我肚子疼。	Nǐ wèi shénme/zěnme bù chī? — Yīnwèi wǒ dùzi téng.
どのようか	明天天气怎么样？—明天天气不太好。	Míngtiān tiānqì zěnmeyàng? — Míngtiān tiānqì bú tài hǎo.

疑問詞"怎么"は「どのように」と方法を尋ねる場合と、「なぜ、どうして」と原因・理由を尋ねる場合に使います。

【方法】の場合は"怎么"＋動詞の語順になります。

　　明天你怎么去那儿？　Míngtiān nǐ zěnme qù nàr?

　　（明日あなたはどうやってそこに行きますか。）

【原因・理由】の場合は"怎么"＋他の成分＋動詞の語順になります。

　　你怎么还不回家？　Nǐ zěnme hái bù huí jiā?

　　（あなたはなぜまだ家に帰らないの。）

単語Check 🔊109

- ☐ 姐姐 jiějie（お姉さん）
- ☐ 红茶 hóngchá（紅茶）
- ☐ 美国 Měiguó（アメリカ）
- ☐ 上海 Shànghǎi（上海）
- ☐ 寒假 hánjià（冬休み）
- ☐ 每天 měi tiān（毎日）
- ☐ 便利店 biànlìdiàn（コンビニ）
- ☐ 要 yào（欲しい）
- ☐ 名字 míngzi（名前）
- ☐ 这么 zhème（こんなふうに）
- ☐ 因为 yīnwèi（なぜなら、というのは）
- ☐ 肚子 dùzi（お腹）
- ☐ 疼 téng（痛い）
- ☐ 天气 tiānqì（天気）
- ☐ 好 hǎo（良い）
- ☐ 回家 huí//jiā（帰宅する）
- ☐ 菜 cài（料理、野菜）
- ☐ 发音 fāyīn（発音）
- ☐ 难 nán（難しい）
- ☐ 牛肉 niúròu（牛肉）
- ☐ 猪肉 zhūròu（豚肉）

02 これまでに出てきた文型のまとめ 🔊111

何が述語になるかによって以下の4つの文型を学びました。

●形容詞述語文

这些 菜 好吃 吗?
Zhèixiē cài hǎochī ma?

―这些 菜 都 非常 好吃。
Zhèixiē cài dōu fēicháng hǎochī.

●主述述語文

汉语 发音 难 吗?
Hànyǔ fāyīn nán ma?

―汉语 发音 特别 难。
Hànyǔ fāyīn tèbié nán.

●名詞述語文

现在 几 点?
Xiànzài jǐ diǎn?

―现在 两 点 一 刻。
Xiànzài liǎng diǎn yí kè.

●動詞述語文

你 吃 牛肉 吗?
Nǐ chī niúròu ma?

―我 不 吃 牛肉, 也 不 吃 猪肉。
Wǒ bù chī niúròu, yě bù chī zhūròu.

UNIT 06

💬 言ってみよう

▶下線部を聞くにはどう言ったらよいか、考えてみよう

1. 我吃<u>饺子</u>。
   Wǒ chī jiǎozi.

2. <u>他</u>喝咖啡。
   Tā hē kāfēi.

3. 那是<u>他</u>的手机。
   Nà shì tā de shǒujī.

4. 我去<u>银行</u>。
   Wǒ qù yínháng.

5. 我是<u>北京大学</u>的学生。
   Wǒ shì Běijīng dàxué de xuésheng.

6. 我叫<u>铃木美香</u>。
   Wǒ jiào Língmù Měixiāng.

7. 明天天气<u>不好</u>。
   Míngtiān tiānqì bù hǎo.

🅰 訳してみよう

1. これは誰の携帯電話ですか。

2. あなたの中国語の辞書はどれですか。

3. あなたはどの高校の生徒ですか。

4. あなたはどんな本が好きですか。

5. あなたはなにを食べますか。

音読にチャレンジ

🔊 112

STEP 1 中国語 + ピンイン　☐☐☐

①我 的 朋友 叫 田中 一郎，他 是 日本人。　②他 今年 十九 岁，是
　Wǒ de péngyou jiào Tiánzhōng Yīláng, tā shì Rìběnrén.　　Tā jīnnián shíjiǔ suì,　shì

大学 一 年级 的 学生。　③他 个子 很 高，人 非常 帅。　④他 有 很 多
dàxué yī niánjí de xuésheng.　　Tā gèzi hěn gāo, rén fēicháng shuài.　Tā yǒu hěn duō

爱好，他 喜欢 看书、旅游 和 运动。　⑤他 最 喜欢 跑步，他 每 天
àihào,　tā xǐhuan kàn shū、　lǚyóu hé yùndòng.　Tā zuì xǐhuan pǎobù,　tā měi tiān

都 跑步。　⑥你 的 朋友 叫 什么 名字？　⑦他 有 什么 爱好？
dōu pǎobù.　　Nǐ de péngyou jiào shénme míngzi?　Tā yǒu shénme àihào?

STEP 2 ピンイン　☐☐☐

①Wǒ de péngyou jiào Tiánzhōng Yīláng, tā shì Rìběnrén. ②Tā jīnnián shíjiǔ suì, shì dàxué yī niánjí de xuésheng. ③Tā gèzi hěn gāo, rén fēicháng shuài. ④Tā yǒu hěn duō àihào, tā xǐhuan kàn shū、lǚyóu hé yùndòng. ⑤Tā zuì xǐhuan pǎobù, tā měi tiān dōu pǎobù. ⑥Nǐ de péngyou jiào shénme míngzi? ⑦Tā yǒu shénme àihào?

STEP 3 中国語　☐☐☐

①我的朋友叫田中一郎，他是日本人。②他今年十九岁，是大学一年级的学生。③他个子很高，人非常帅。④他有很多爱好，他喜欢看书、旅游和运动。⑤他最喜欢跑步，他每天都跑步。⑥你的朋友叫什么名字？⑦他有什么爱好？

STEP 4 日本語→中国語　☐☐☐

①私の友達は田中一郎といって、日本人です。②彼は今年19歳で、大学1年生です。③彼は背が高く、非常に格好いいです。④彼は趣味がたくさんあり、読書、旅行、スポーツが好きです。⑤彼が最も好きなのはジョギングで、毎日ジョギングしています。⑥あなたの友達は何という名前ですか。⑦彼にはどんな趣味がありますか。

UNIT 06

UNIT 07

01 選択疑問文　　🔊 114

"A＋还是 háishi＋B？"の形で提示されている選択肢のどちらかを選ぶタイプの疑問文を選択疑問文と言います。接続詞"还是"で選択肢をつなげると2択だけでなく、3択、4択にすることもできます。疑問詞疑問文と同様に選択疑問文も文末の"吗"は不要で、"？"マークをつけます。

① 你 去 还是 田中 去？
　 Nǐ qù háishi Tiánzhōng qù?

② 你 回 家 还是 去 图书馆？
　 Nǐ huí jiā háishi qù túshūguǎn?

③ 你 喝 咖啡 还是 喝 红茶？
　 Nǐ hē kāfēi háishi hē hóngchá?

④ 她 是 高中生 还是 大学生？
　 Tā shì gāozhōngshēng háishi dàxuéshēng?

□例文②のように主語が同一人物の場合は省略できます。例文③の動詞はどちらも"喝"ですが、「コーヒーを飲む」か「紅茶を飲む」かを聞いているので、同じ動詞であっても省略しません。但し、例文④のように動詞が"是"の場合は、"还是"と"是"の重複を嫌うので、她是高中生还是是大学生？とはならず、她是高中生还是大学生？となります。

02 反復疑問文　　🔊 115

反復疑問文は動詞（助動詞）・形容詞の肯定形と否定形を並べて、どちらかを選ぶタイプの疑問文です。反復疑問文も文末の"吗"は不要で、"？"マークをつけます。否定部分の"不"は軽声で発音します。

你 去 不 去？
Nǐ qù bu qù?

这个 菜 好吃 不 好吃？
Zhèige cài hǎochī bu hǎochī?

●目的語がある場合は2通りの語順があります。

你 看 不 看 中国 电影？
Nǐ kàn bu kàn Zhōngguó diànyǐng?

你 看 中国 电影 不 看？
Nǐ kàn Zhōngguó diànyǐng bu kàn?

□反復疑問文は肯定、否定のどちらかを選ぶ疑問文なので、"也、都"などの副詞と一緒に使うことはできません。副詞がある場合は"吗"疑問文を使います。

× 你也是不是日本人？
→○你也是日本人吗？
× 他们都去不去？
→○他们都去吗？

Check　次の単語を使って選択疑問文を作ってみよう

1. 彼、1年生、2年生

2. 彼女、あなた、来る

3. あなた、中国映画、日本映画、見る

03 疑問文のまとめ 🔊116

●"吗"疑問文

你 是 高中生 吗?
Nǐ shì gāozhōngshēng ma?

你 学 汉语 吗?
Nǐ xué Hànyǔ ma?

●省略疑問文

我 吃 蛋糕, 你 呢?
Wǒ chī dàngāo, nǐ ne?

我 的 汉语 词典 呢?
Wǒ de Hànyǔ cídiǎn ne?

●疑問詞疑問文

这 是 谁 的 手机?
Zhè shì shéi de shǒujī?

你 喝 什么 茶?
Nǐ hē shénme chá?

现在 几 点?
Xiànzài jǐ diǎn?

你 吃 哪个?
Nǐ chī něige?

你 为 什么 不 来?
Nǐ wèi shénme bù lái?

你 买 什么?
Nǐ mǎi shénme?

他 什么 时候 来?
Tā shénme shíhou lái?

你们 去 哪儿?
Nǐmen qù nǎr?

这个 字 怎么 念?
Zhèige zì zěnme niàn?

你 身体 怎么样?
Nǐ shēntǐ zěnmeyàng?

●選択疑問文

你 是 高一 还是 高二?
Nǐ shì gāo yī háishi gāo èr?

●反復疑問文

她 是 不 是 你 的 同学?
Tā shì bu shì nǐ de tóngxué?

你 忙 不 忙?
Nǐ máng bu máng?

単語 Check 🔊113

- ☐ 还是 háishi（それとも）
- ☐ 高中生 gāozhōngshēng（高校生）
- ☐ 大学生 dàxuéshēng（大学生）
- ☐ 电影 diànyǐng（映画）
- ☐ 蛋糕 dàngāo（ケーキ）
- ☐ 茶 chá（お茶）
- ☐ 字 zì（字）
- ☐ 念 niàn（読む）
- ☐ 身体 shēntǐ（体）
- ☐ 高一 gāo yī（高校1年生）
- ☐ 高二 gāo èr（高校2年生）
- ☐ 忙 máng（忙しい）

UNIT 07

Check 次の疑問文を反復疑問文にしてみよう

1. 你是高中生吗?
2. 你们明天去学校吗?
3. 你星期天在家吗?
4. 你喝咖啡吗?

💬 言ってみよう

▶どちらを食べるか、どちらを飲むかを聞いてみよう

你吃＿＿＿＿＿还是吃＿＿＿＿＿？

你喝＿＿＿＿＿还是喝＿＿＿＿＿？

> 面包 miànbāo（パン）　　面条 miàntiáo（麺）　　饺子 jiǎozi（餃子）
> 咖啡 kāfēi（コーヒー）　　牛奶 niúnǎi（牛乳）　　可乐 kělè（コーラ）

▶彼女がどちらに行くかを聞いてみよう

她去＿＿＿＿＿还是去＿＿＿＿＿？

> 车站 chēzhàn（駅、バス停）　　机场 jīchǎng（空港）
> 学校 xuéxiào（学校）　　医院 yīyuàn（病院）
> 电影院 diànyǐngyuàn（映画館）　　图书馆 túshūguǎn（図書館）

▶相手の身分を聞いてみよう

你是＿＿＿＿＿还是＿＿＿＿＿？

> 中国人 Zhōngguórén（中国人）　日本人 Rìběnrén（日本人）　韩国人 Hánguórén（韓国人）
> 高一 gāo yī（高校1年）　　高二 gāo èr（高校2年）　　高三 gāo sān（高校3年）
> 公司职员 gōngsī zhíyuán（会社員）　　老师 lǎoshī（先生）
> 学生 xuésheng（学生）　　医生 yīshēng（医者）　　护士 hùshi（看護士）

🅰 訳してみよう

1. あなたは今日行きますか、それともあさって行きますか。

　

2. あなたは中国語の本を買いますか。（反復疑問文で）

　

3. この英語の辞書は彼のですか、それともあなたのですか。

　

4. あなたは中国料理を食べますか、それとも日本料理を食べますか。

　

5. あなたは月曜日家にいますか。（反復疑問文で）

音読にチャレンジ

STEP 1 中国語＋ピンイン

①你们 喜欢 吃 中国菜 吗？ ②我 特别 喜欢 吃 中国菜。 ③我 喜欢 吃
　Nǐmen xǐhuan chī Zhōngguócài ma?　Wǒ tèbié xǐhuan chī Zhōngguócài.　Wǒ xǐhuan chī

小笼包 和 肉包。 ④你们 喜欢 吃 小笼包，还是 喜欢 吃 肉包？ ⑤我 还
xiǎolóngbāo hé ròubāo.　Nǐmen xǐhuan chī xiǎolóngbāo, háishi xǐhuan chī ròubāo?　Wǒ hái

喜欢 吃 麻婆豆腐，我 最 喜欢 吃 饺子。 ⑥你们 喜欢 不 喜欢 吃
xǐhuan chī mápó dòufu,　wǒ zuì xǐhuan chī jiǎozi.　Nǐmen xǐhuan bu xǐhuan chī

饺子？
jiǎozi?

STEP 2 ピンイン

①Nǐmen xǐhuan chī Zhōngguócài ma? ②Wǒ tèbié xǐhuan chī Zhōngguócài. ③Wǒ xǐhuan chī xiǎolóngbāo hé ròubāo. ④Nǐmen xǐhuan chī xiǎolóngbāo, háishi xǐhuan chī ròubāo? ⑤Wǒ hái xǐhuan chī mápó dòufu, wǒ zuì xǐhuan chī jiǎozi. ⑥Nǐmen xǐhuan bu xǐhuan chī jiǎozi?

STEP 3 中国語

①你们喜欢吃中国菜吗？②我特别喜欢吃中国菜。③我喜欢吃小笼包和肉包。④你们喜欢吃小笼包，还是喜欢吃肉包？⑤我还喜欢吃麻婆豆腐，我最喜欢吃饺子。⑥你们喜欢不喜欢吃饺子？

STEP 4 日本語→中国語

①あなたたちは中国料理が好きですか。②私はすごく中国料理が好きです。③小籠包と肉まんが好きです。④あなたたちは小籠包が好きですか、それとも肉まんが好きですか。⑤私は麻婆豆腐も好きですが、一番好きなのは餃子です。⑥あなたたちは餃子が好きですか。

UNIT 08

01 所有の"有" 🔊119

日本語は所有を表す場合、人や動物は「いる」、その他の事物は「ある」という区別をしますが、中国語はどちらも動詞"有"で表します。

● 肯定文　人＋"有"＋人・モノ

我 有 一 个 哥哥 和 一 个 妹妹。
Wǒ yǒu yí ge gēge hé yí ge mèimei.

他 有 两 个 手机。
Tā yǒu liǎng ge shǒujī.

我 现在 有 时间。
Wǒ xiànzài yǒu shíjiān.

● 否定文　人＋"没有"＋人・モノ

我 没有 兄弟 姐妹。
Wǒ méiyǒu xiōngdì jiěmèi.

他 没有 手机。
Tā méiyǒu shǒujī.

不 好意思，我 现在 没有 时间。
Bù hǎoyìsi, wǒ xiànzài méiyǒu shíjiān.

● 疑問文　"吗"疑問文、反復疑問文、疑問詞疑問文

人＋"有"＋人・モノ＋"吗"？
人＋"有没有"＋人・モノ？

你 有 兄弟 姐妹 吗？/ 你 有 没有 兄弟 姐妹？
Nǐ yǒu xiōngdì jiěmèi ma?/ Nǐ yǒu méiyǒu xiōngdì jiěmèi?

他 有 手机 吗？/ 他 有 没有 手机？
Tā yǒu shǒujī ma?/ Tā yǒu méiyǒu shǒujī?

你 现在 有 时间 吗？/ 你 现在 有 没有 时间？
Nǐ xiànzài yǒu shíjiān ma?/ Nǐ xiànzài yǒu méiyǒu shíjiān?

你 有 几 本 汉语 书？
Nǐ yǒu jǐ běn Hànyǔ shū?

単語 Check 🔊118

- [ ] 有 yǒu（ある、いる、持っている）
- [ ] 和 hé（～と）
- [ ] 妹妹 mèimei（妹）
- [ ] 时间 shíjiān（時間）
- [ ] 没有 méiyǒu（持っていない、ない）
- [ ] 兄弟姐妹 xiōngdì jiěmèi（兄弟）
- [ ] 不好意思 bù hǎoyìsi（申し訳ない）
- [ ] 书 shū（本）

□動詞"有"の否定形は"没有"です。"不"で否定してはいけません。

Check　次の質問に中国語で答えよう

1. 你有兄弟姐妹吗？
2. 你有手机吗？
3. 你现在有时间吗？

02 数詞 3ケタ以上の数　🔊120

100以上の数で日本語と言い方が違うのは以下の3点です。

●位数の前に"一"が必要

日本語は一万から「一」をつけますが、中国語は百から"一"が必要です。119のように数字の途中に"十"が出てくると"一百一十九 yībǎi yīshíjiǔ"と"一"が必要になります。この場合の"一"は変調せず第一声で読みます。

●"零"の使い方

3ケタ以上の数字で間に0が入ると"零"が必要です。

 205　二百零五　èrbǎi líng wǔ

 3,047　三千零四十七　sānqiān líng sìshiqī

0がいくつ続いても"零"は1つだけ

 4,008　四千零八　sìqiān líng bā　　50,009　五万零九　wǔ wàn líng jiǔ

位数の最後に0がきた場合は省略が可能

 960　九百六　jiǔbǎi liù　　7,800　七千八　qīqiān bā

但し、途中に0が入ると省略はできません。

 7,080　七千零八十　qīqiān líng bāshí

●"二 èr"と"两 liǎng"の使い分け

 2、12、20、200は"二 èr"

 2,000、20,000は"两 liǎng"

100	一百 yìbǎi	101	一百零一 yìbǎi líng yī
110	一百一 yìbǎi yī	111	一百一十一 yībǎi yīshiyī
	一百一十 yībǎi yīshí		
200	二百 èrbǎi ／ 两百 liǎngbǎi	1,000	一千 yìqiān
1,001	一千零一 yìqiān líng yī	1,010	一千零一十 yìqiān líng yīshí
1,100	一千一 yìqiān yī	2,000	两千 liǎngqiān
	一千一百 yìqiān yìbǎi		
10,000	一万 yí wàn	20,000	两万 liǎng wàn

Check 次の数字をピンインで書てみよう

1. 290
2. 219
3. 9,003
4. 9,030
4. 20,020
6. 22,002
7. 406,200
8. 462,000
9. 400,620
10. 400,002

💬 言ってみよう

▶ 何を持っているか、持っていないかを言ってみよう

　　我有＿＿＿＿＿＿＿＿。

　　我没有＿＿＿＿＿＿＿。

> 兄弟姐妹 xiōngdì jiěmèi（兄弟）　　哥哥 gēge（兄）
> 姐姐 jiějie（姉）　弟弟 dìdi（弟）　妹妹 mèimei（妹）
> 手机 shǒujī（携帯電話）　电脑 diànnǎo（パソコン）
> 自行车 zìxíngchē（自転車）

▶（　）に適切な量詞を入れて、いくつ持っているか尋ねてみよう

　　你有几（　　　）＿＿＿＿＿＿＿？

> 词典 cídiǎn（辞書）　伞 sǎn（傘）　钢笔 gāngbǐ（ペン）
> 毛衣 máoyī（セーター）　裙子 qúnzi（スカート）　鞋 xié（靴）
> 裤子 kùzi（ズボン）　自行车 zìxíngchē（自転車）

🅰 訳してみよう

1. 彼は2人妹がいます。

　　＿＿＿＿＿＿＿＿＿＿＿＿＿＿＿＿＿＿＿＿＿＿＿＿＿＿＿＿＿＿＿＿

2. あなたは何の辞書を持っていますか。

　　＿＿＿＿＿＿＿＿＿＿＿＿＿＿＿＿＿＿＿＿＿＿＿＿＿＿＿＿＿＿＿＿

3. 私は火曜日は中国語の授業がありません。

　　＿＿＿＿＿＿＿＿＿＿＿＿＿＿＿＿＿＿＿＿＿＿＿＿＿＿＿＿＿＿＿＿

4. あなたは今時間がありますか。（反復疑問文の形式で）

　　＿＿＿＿＿＿＿＿＿＿＿＿＿＿＿＿＿＿＿＿＿＿＿＿＿＿＿＿＿＿＿＿

5. 彼女は一足の美しい靴を持っています。

　　＿＿＿＿＿＿＿＿＿＿＿＿＿＿＿＿＿＿＿＿＿＿＿＿＿＿＿＿＿＿＿＿

音読にチャレンジ

STEP 1 中国語＋ピンイン

①我们学校很大，有一万五千多名学生。②我们学校的留学生也很多，有三百人左右。③我们学校有十多个国家的留学生。④我有两个留学生朋友，一个是中国人，一个是韩国人。⑤他们的日语很好，我很喜欢他们，我们常常一起学习。

① Wǒmen xuéxiào hěn dà, yǒu yí wàn wǔqiān duō míng xuésheng. ② Wǒmen xuéxiào de liúxuéshēng yě hěn duō, yǒu sānbǎi rén zuǒyòu. ③ Wǒmen xuéxiào yǒu shí duō ge guójiā de liúxuéshēng. ④ Wǒ yǒu liǎng ge liúxuéshēng péngyou, yí ge shì Zhōngguórén, yí ge shì Hánguórén. ⑤ Tāmen de Rìyǔ hěn hǎo, wǒ hěn xǐhuan tāmen, wǒmen chángcháng yìqǐ xuéxí.

STEP 2 ピンイン

① Wǒmen xuéxiào hěn dà, yǒu yí wàn wǔqiān duō míng xuésheng.

② Wǒmen xuéxiào de liúxuéshēng yě hěn duō, yǒu sānbǎi rén zuǒyòu.

③ Wǒmen xuéxiào yǒu shí duō ge guójiā de liúxuéshēng. ④ Wǒ yǒu liǎng ge liúxuéshēng péngyou, yí ge shì Zhōngguórén, yí ge shì Hánguórén.

⑤ Tāmen de Rìyǔ hěn hǎo, wǒ hěn xǐhuan tāmen, wǒmen chángcháng yìqǐ xuéxí.

STEP 3 中国語

①我们学校很大，有一万五千多名学生。②我们学校的留学生也很多，有三百人左右。③我们学校有十多个国家的留学生。④我有两个留学生朋友，一个是中国人，一个是韩国人。⑤他们的日语很好，我很喜欢他们，我们常常一起学习。

STEP 4 日本語→中国語

①私たちの学校は大きく、1万5000人余りの学生がいます。②留学生も多く、300人ぐらいいて、③10数カ国の留学生がいます。④私には2人の留学生の友人がおり、1人は中国人、1人は韓国人です。⑤彼らの日本語はうまく、私は彼らがとても好きで、いつもいっしょに勉強しています。

UNIT 08

UNIT 09

01 場所を表す指示代名詞と方位詞

"这儿/那儿/哪儿"と"这里/那里/哪里"は、意味・用法に大きな違いはありませんが前者が北方で、後者が南方で使われます。

🔊 123

ここ	そこ/あそこ	どこ
这儿 zhèr	那儿 nàr	哪儿 nǎr
这里 zhèli	那里 nàli	哪里 nǎli

方位詞は場所・位置・方向を表す言葉です。

🔊 124

	上 shàng	下 xià	前 qián	后 hòu	左 zuǒ	右 yòu
～边 bian	上边 うえ	下边 した	前边 まえ	后边 うしろ	左边 ひだり	右边 みぎ
～面 miàn	上面 上/上側	下面 下/下側	前面 前側	后面 後ろ側	左面 左側	右面 右側

	里 lǐ	外 wài	东 dōng	南 nán	西 xī	北 běi
～边 bian	里边 うち/内側	外边 そと/外側	东边 東	南边 南	西边 西	北边 北
～面 miàn	里面 うち/内側	外面 そと/外側	东面 東側	南面 南側	西面 西側	北面 北側

旁边 pángbiān そば/となり	对面 duìmiàn 正面/向かい

上記の方位詞は「方位詞+"的"+名詞」、「名詞+("的"+)方位詞」の語順で使うほか、単独でも使えます。

🔊 125

前面的红绿灯 qiánmiàn de hónglǜdēng

西边的操场 xībian de cāochǎng

书店（的）右面 shūdiàn (de) yòumiàn

银行（的）旁边 yínháng (de) pángbiān

右边是我的房间，左边是我弟弟的房间。
Yòubian shì wǒ de fángjiān, zuǒbian shì wǒ dìdi de fángjiān.

□ "哪里 nǎli"は表記上は第3声+軽声ですが、本来の発音は"哪里 nǎlǐ"で、第3声の連続になるため、第2声+第3声に変調します。さらに"里 lǐ"が軽声になったため、実際には第2声+軽声で発音します。

□ "旁边 pángbiān"の"边"は第1声で発音しますが、それ以外の"～边"は軽声で発音します。

□ 名詞には"教室 jiàoshì、图书馆 túshūguǎn、医院 yīyuàn、机场 jīchǎng"など元々場所を表すものと、そうでないものがあります。場所を表さない名詞を場所化するには名詞の後に"～上"、"～里"、"这儿"、"那儿"をつけたり、左記の方位詞をつけます。

□ 地名や国名などの場所を表す固有名詞には"～上"、"～里"は不要です。
例：
桌子上 zhuōzi shang
　机の上
冰箱里 bīngxiāng li
　冷蔵庫の中
我这儿 wǒ zhèr
　私のところ
老师那儿 lǎoshī nàr
　先生のところ
他旁边 tā pángbiān
　彼のそば

Check 下線部を訳してみよう

1. <u>机の上</u>に本がある。

2. <u>大学のとなり</u>に銀行がある。

3. <u>教室の中</u>に学生がいる。

02 存在の"有" 🔊126

ある場所に人やモノがいる（ある）か、いない（ない）かという存在を表す時にも動詞"有"を使います。UNIT08で所有の"有"を学びましたが、主語が人から場所に変わるだけです。

●肯定文　場所＋"有"＋人・モノ

教室 里 有 很 多 学生。
Jiàoshì li yǒu hěn duō xuésheng.

车站 旁边 有 一 个 大 商场。
Chēzhàn pángbiān yǒu yí ge dà shāngchǎng.

银行 对面 有 一 个 便利店。
Yínháng duìmiàn yǒu yí ge biànlìdiàn.

●否定文　場所＋"没有"＋人・モノ

教室 里 没有 学生。
Jiàoshì li méiyǒu xuésheng.

这 附近 没有 邮局。
Zhè fùjìn méiyǒu yóujú.

我 的 房间 没有 电视机。
Wǒ de fángjiān méiyǒu diànshìjī.

●疑問文　"吗"疑問文、反復疑問文、疑問詞疑問文

場所＋"有"＋人・モノ＋"吗"？

場所＋"有没有"＋人・モノ？

教室 里 有 学生 吗？
Jiàoshì li yǒu xuésheng ma?

这 附近 有 没 有 地铁站？
Zhè fùjìn yǒu méiyǒu dìtiězhàn?

医院 对面 有 什么？
Yīyuàn duìmiàn yǒu shénme?

単語Check 🔊122

- 红绿灯 hónglǜdēng（信号機）
- 操场 cāochǎng（運動場、グラウンド）
- 书店 shūdiàn（書店）
- 银行 yínháng（銀行）
- 房间 fángjiān（部屋）
- 弟弟 dìdi（弟）
- 桌子 zhuōzi（机、テーブル）
- 冰箱 bīngxiāng（冷蔵庫）
- 教室 jiàoshì（教室）
- 学生 xuésheng（学生）
- 车站 chēzhàn（駅、バス停）
- 商场 shāngchǎng（マーケット、デパート）
- 便利店 biànlìdiàn（コンビニ）
- 附近 fùjìn（付近）
- 邮局 yóujú（郵便局）
- 电视机 diànshìjī（テレビ）
- 地铁站 dìtiězhàn（地下鉄の駅）
- 医院 yīyuàn（病院）

UNIT 09

Check 次の質問に中国語で答えてみよう

1. 这儿有人吗？
2. 桌子里有什么？
3. 学校对面有什么？

💬 言ってみよう

▶ 2つの単語リストから自由に単語を選んで、どこに何があるか、ないかを言ってみよう

《場所を表す言葉》＋ "有"　＋《人・モノを表す言葉》
　　　　　　　　　"没有"

《場所を表す言葉》
- 桌子上 zhuōzi shang（机の上）
- 墙上 qiáng shang（壁）
- 家里 jiā li（家）
- 食堂（里）shítáng (li)（食堂）
- 公园（里）gōngyuán (li)（公園）
- 冰箱里 bīngxiāng li（冷蔵庫）
- 图书馆（里）túshūguǎn (li)（図書館）

《人・モノを表す言葉》
- 杂志 zázhì（雑誌）
- 地图 dìtú（壁）
- 狗 gǒu（イヌ）
- 学生 xuésheng（学生）
- 花 huā（花）
- 照片 zhàopiàn（写真）
- 可乐 kělè（コーラ）

🅰 訳してみよう

1. 駅のそばにコンビニはありますか。

2. 机の上には何がありますか。

3. 机の上には２冊の雑誌があります。

4. 東側のグラウンドにたくさんの人がいます。

5. かばんの中に財布と携帯電話があります。

音読にチャレンジ

STEP 1 中国語 + ピンイン

①我 家 附近 有 一 个 公园。 ②公园 前面 有 一 条 河。 ③公园 里 有
　Wǒ jiā　fùjìn　yǒu yí ge gōngyuán.　Gōngyuán qiánmiàn yǒu yì tiáo hé.　Gōngyuán li　yǒu

很 多 樱花树, 春天 很 漂亮。 ④公园 的 旁边 有 一 个 邮局。 ⑤邮局
hěn duō yīnghuāshù, chūntiān hěn piàoliang. Gōngyuán de pángbiān yǒu yí ge　yóujú.　　Yóujú

的 对面 有 一 个 书店。 ⑥我 常常 去 那个 书店。 ⑦书店 的 旁边 有
de duìmiàn yǒu yí ge shūdiàn.　Wǒ chángcháng qù nèige shūdiàn.　Shūdiàn de pángbiān yǒu

一 个 超市。 ⑧超市 的 东西 很 便宜。
yí ge chāoshì.　Chāoshì de　dōngxi hěn piányi.

STEP 2 ピンイン

①Wǒ jiā fùjìn yǒu yí ge gōngyuán. ②Gōngyuán qiánmiàn yǒu yì tiáo hé.

③Gōngyuán li yǒu hěn duō yīnghuāshù, chūntiān hěn piàoliang.

④Gōngyuán de pángbiān yǒu yí ge yóujú. ⑤Yóujú de duìmiàn yǒu yí ge

shūdiàn. ⑥Wǒ chángcháng qù nèige shūdiàn. ⑦Shūdiàn de pángbiān yǒu yí

ge chāoshì. ⑧Chāoshì de dōngxi hěn piányi.

STEP 3 中国語

①我家附近有一个公园。②公园前面有一条河。③公园里有很多樱花树，春天很漂亮。④公园的旁边有一个邮局。⑤邮局的对面有一个书店。⑥我常常去那个书店。⑦书店的旁边有一个超市。⑧超市的东西很便宜。

STEP 4 日本語→中国語

①私の家の近くには公園があります。②公園の前には川があり、③公園にはたくさんの桜の木があり、春はきれいです。④公園のそばには郵便局があります。⑤郵便局の向かいには本屋があります。⑥私はよくその本屋に行きます。⑦本屋のそばにはスーパーがあります。⑧スーパーの品物は安いです。

UNIT 10

01 所在の "在"   🔊129

人やモノが主語の位置にあれば、"在" は動詞で、所在を表します。つまり、存在することは分かっていて、どこにいるか、どこにあるかという所在をいう時に使います。

● 肯定文　人・モノ＋"在"＋場所

我 哥哥 在 家。
Wǒ gēge zài jiā.

铃木 在 图书馆。
Língmù zài túshūguǎn.

钥匙 在 桌子 上。
Yàoshi zài zhuōzi shang.

● 否定文　人・モノ＋"不在"＋場所

我 哥哥 不 在 家。
Wǒ gēge bú zài jiā.

铃木 不 在 食堂。
Língmù bú zài shítáng.

钥匙 不 在 我 这儿。
Yàoshi bú zài wǒ zhèr.

● 疑問文　人・モノ＋"在"＋場所＋"吗"？
　　　　　人・モノ＋"在不在"＋場所？
　　　　　人・モノ＋"在"＋"哪儿"？

你 哥哥 在 家 吗？
Nǐ gēge zài jiā ma?

铃木 在 不 在 教室 里？
Língmù zài bu zài jiàoshì li?

钥匙 在 哪儿？
Yàoshi zài nǎr?

単語 Check 🔊128

- □ 家 jiā（家）
- □ 食堂 shítáng（食堂）
- □ 吃饭 chī fàn（食事をとる）
- □ 麦当劳 Màidāngláo（マクドナルド）
- □ 吧 ba（～しましょう）

□ 中国語では主語の位置にくる人やモノは特定のもの・既知のもの・旧情報というルールがあります。左の例文で見ると、"我哥哥"、"铃木" は特定の人であるとすぐ分かりますね。"钥匙" は「誰の」と明示されていませんが、主語の位置にあるので、話し手と聞き手の間では「誰の鍵」かは分かっているのです。

Check 日本語に合うように（　）に中国語を書き入れてみよう

1. 郵便局は学校のそばにあります。　　邮局（　　　）学校旁边。
2. 大学のそばには地下鉄の駅があります。　大学旁边（　　　）地铁站。
3. 父は北京にいます。　　　　　　　　我爸爸（　　　）北京。
4. 机の上には一本の鍵があります。　　桌子上（　　　）一把钥匙。

02 介詞の"在" 🔊130

"在"には複数の用法があります。次は介詞の"在"です。介詞（**介词** jiècí）は中国語の文法用語で、英文法でいうと前置詞にあたります。介詞は後に場所・時間・対象・道具などを表す言葉（目的語）を伴います。

"在"が介詞として働く時には、後に場所を表す言葉がきて、その動作をどこで行うかを表します。

● 主語＋"在"＋場所＋動詞＋目的語

你 在 哪儿 学习 汉语？
Nǐ zài nǎr xuéxí Hànyǔ?

我 在 高中 学习 汉语。
Wǒ zài gāozhōng xuéxí Hànyǔ.

我们 中午 在 哪儿 吃 饭？
Wǒmen zhōngwǔ zài nǎr chī fàn?

我们 在 麦当劳 吃 吧。
Wǒmen zài Màidāngláo chī ba.

Check 次の質問に中国語で答えてみよう

1. 你每天在哪儿吃午饭？
2. 你在哪儿学习汉语？
3. 你爸爸在哪儿工作？
4. 你今天在麦当劳吃午饭吗？

言ってみよう

▶ 2つの単語リストから自由に単語を選んで、人・モノの所在を言ってみよう

《人・モノを表す言葉》 + "在" / "不在" + 《場所を表す言葉》

《人・モノを表す言葉》
- 洗手间 xǐshǒujiān（トイレ）
- 你爸爸 nǐ bàba（あなたのお父さん）
- 山田 Shāntián（山田さん）
- 手机 shǒujī（携帯電話）
- 王老师 Wáng lǎoshī（王先生）
- 她家 tā jiā（彼女の家）
- 他的词典 tā de cídiǎn（彼の辞書）

《場所を表す言葉》
- 哪儿 nǎr（どこ）
- 公司 gōngsī（会社）
- 桌子上 zhuōzi shang（机の上）
- 食堂（里）shítáng (li)（食堂）
- 书包里 shūbāo li（かばんの中）
- 东京 Dōngjīng（東京）
- 我这儿 wǒ zhèr（私のところ）

A 訳してみよう

1. 図書館は食堂の西にあります。

2. 彼はどこで本を買いますか。

3. あなたの学校はどこにありますか。

4. あなたは明日食堂で昼食を食べますか。

5. あなたは学校で何を勉強していますか。

音読にチャレンジ

STEP 1 中国語＋ピンイン

① 我家在大阪，我家有四口人，爸爸、妈妈、哥哥和我。② 我爸爸在公司上班，我妈妈是家庭主妇。③ 我哥哥在东京工作。④ 我在大阪上学。⑤ 我每天去学校，中午在学校食堂吃饭。⑥ 我喜欢在学校的图书馆看书，也喜欢在学校的操场运动。

Wǒ jiā zài Dàbǎn, wǒ jiā yǒu sì kǒu rén, bàba, māma, gēge hé wǒ. Wǒ bàba zài gōngsī shàngbān, wǒ māma shì jiātíng zhǔfù. Wǒ gēge zài Dōngjīng gōngzuò. Wǒ zài Dàbǎn shàngxué. Wǒ měi tiān qù xuéxiào, zhōngwǔ zài xuéxiào shítáng chī fàn. Wǒ xǐhuan zài xuéxiào de túshūguǎn kàn shū, yě xǐhuan zài xuéxiào de cāochǎng yùndòng.

STEP 2 ピンイン

① Wǒ jiā zài Dàbǎn, wǒ jiā yǒu sì kǒu rén, bàba, māma, gēge hé wǒ. ② Wǒ bàba zài gōngsī shàngbān, wǒ māma shì jiātíng zhǔfù. ③ Wǒ gēge zài Dōngjīng gōngzuò. ④ Wǒ zài Dàbǎn shàngxué. ⑤ Wǒ měi tiān qù xuéxiào, zhōngwǔ zài xuéxiào shítáng chī fàn. ⑥ Wǒ xǐhuan zài xuéxiào de túshūguǎn kàn shū, yě xǐhuan zài xuéxiào de cāochǎng yùndòng.

STEP 3 中国語

① 我家在大阪，我家有四口人，爸爸、妈妈、哥哥和我。② 我爸爸在公司上班，我妈妈是家庭主妇。③ 我哥哥在东京工作。④ 我在大阪上学。⑤ 我每天去学校，中午在学校食堂吃饭。⑥ 我喜欢在学校的图书馆看书，也喜欢在学校的操场运动。

STEP 4 日本語→中国語

① 私の家は大阪にあり、父、母、兄と私の4人家族です。② 父は会社で働き、母は専業主婦です。③ 私の兄は東京で働いています。④ 私は大阪で学校に通っています。⑤ 私は毎日学校に行き、お昼は学校の食堂で食事をします。⑥ 私は学校の図書館で本を読むのが好きで、グラウンドで運動をするのも好きです。

UNIT 10

UNIT 11

01 動詞述語文における時間詞の位置 🔊 133

時間詞（UNIT02、UNIT03）とは、時間の流れのワンポイントを表す言葉で、動詞の前に置くのが基本です。つまり、日本語と同じで「いつ〜する」という語順でOKです。時間を強調したければ、時間詞を文頭に置きます。

以下の語順をしっかり覚えましょう。

（時間詞）＋主語＋時間詞＋動詞＋目的語

我 明天 有 汉语课。
Wǒ míngtiān yǒu Hànyǔkè.

明天 我 没有 汉语课。
Míngtiān wǒ méiyǒu Hànyǔkè.

铃木 每 天 六 点 起床。
Língmù měi tiān liù diǎn qǐchuáng.

你 爸爸 几 点 上班？
Nǐ bàba jǐ diǎn shàngbān?

UNIT10で学んだ場所を導く介詞 "在" を使って、「いつ、どこで、〜する」という文を作ってみましょう。場所を表す言葉が増えても、日本語と同じ語順で並べればOKです。

主語＋時間詞＋"在"＋場所＋動詞＋目的語

我 中午 在 食堂 吃 意大利面。
Wǒ zhōngwǔ zài shítáng chī Yìdàlìmiàn.

田中 星期天 在 便利店 打工。
Tiánzhōng xīngqītiān zài biànlìdiàn dǎgōng.

単語 Check 🔊 132

- 爸爸 bàba（お父さん）
- 上班 shàng//bān（出勤する）
- 意大利面 yìdàlìmiàn（パスタ）
- 打工 dǎ//gōng（アルバイトする）

Check 以下のスケジュール表を見て、いつ、何をするか言ってみよう

例：我早上六点三刻起床。Wǒ zǎoshang liù diǎn sān kè qǐchuáng.

我的一天 Wǒ de yì tiān（私の一日）			
早上 zǎoshang	06:45	起床 qǐchuáng	起きる
	07:15	吃早饭 chī zǎofàn	朝食を食べる
上午 shàngwǔ	08:20	出门 chūmén	家を出る
	09:30	上课 shàngkè	授業を受ける
中午 zhōngwǔ	12:30	吃午饭 chī wǔfàn	昼食を食べる

我的一天 Wǒ de yì tiān（私の一日）			
下午 xiàwǔ	04:40	下课 xiàkè	授業が終わる
	05:30	回家 huí jiā	帰宅する
晚上 wǎnshang	07:00	吃晚饭 chī wǎnfàn	夕食を食べる
	08:00	写作业 xiě zuòyè	宿題をする
	09:30	上网 shàngwǎng	ネットをする
	11:00	洗澡 xǐzǎo	入浴する
	12:00	睡觉 shuìjiào	寝る

Check 時間の表現を確認してみよう

《年》2005年／2017年／2020年／2045年

《月》何月／1月／3月／5月／7月／9月／11月

《日》何日／2日／4日／6日／8日／10日／20日／30日

《曜日》何曜日／日曜日／月曜日／火曜日／水曜日／木曜日／金曜日／土曜日

《時刻》いつ／何時何分／2：02／3：15／4：30／5：45／6：55（2通りの言い方で）

《時間帯》朝／午前／正午／午後／夕方／夜／昼間／夜間

《時間の流れ》おととい／きのう／きょう／あした／あさって

先々週／先週／今週／来週／再来週

先々月／先月／今月／来月／再来月

一昨年／去年／今年／来年／再来年

💬 言ってみよう

▶時間、場所、やることを適切に組み合わせて、文を作ってみよう

我周末在新宿买东西。Wǒ zhōumò zài Xīnsù mǎi dōngxi.

《時間》
- 今天下午 jīntiān xiàwǔ（今日の午後）
- 下星期天 xià xīngqītiān（来週の日曜日）
- 每天 měi tiān（毎日）
- 周末 zhōumò（週末）
- 每星期四 měi xīngqīsì（毎週木曜日）
- 星期一和星期二 xīngqīyī hé xīngqī'èr（月曜日と火曜日）

《場所》
- 图书馆 túshūguǎn（図書館）
- 新宿 Xīnsù（新宿）
- 超市 chāoshì（スーパー）
- 中国朋友家 Zhōngguó péngyou jiā（中国人の友達の家）
- 操场 cāochǎng（グラウンド）
- 快餐店 kuàicāndiàn（ファストフード店）

《やること》
- 借书 jiè shū（本を借りる）
- 看电影 kàn diànyǐng（映画を観る）
- 买东西 mǎi dōngxi（買い物をする）
- 包饺子 bāo jiǎozi（餃子を作る）
- 踢足球 tī zúqiú（サッカーをする）
- 打工 dǎgōng（アルバイトをする）

あ 訳してみよう

1. 私は朝7時に朝食を食べます。

2. 私は午後サッカーをします。

3. 彼は木曜日に中国語の授業があります。

4. 私はお昼に食堂でご飯を食べます。

5. 私は来週の金曜日の夜は時間があります。

音読にチャレンジ

STEP 1 中国語＋ピンイン

①我 每 天 六 点 半 起床， 七 点 半 去 学校。 ②我们 学校 九 点 上课。
　Wǒ měi tiān liù diǎn bàn qǐchuáng, qī diǎn bàn qù xuéxiào.　Wǒmen xuéxiào jiǔ diǎn shàngkè.

③我 一 个 星期 有 两 节 汉语课。 ④星期一 是 汉语 口语课， 星期四 是
　Wǒ yí ge xīngqī yǒu liǎng jié Hànyǔkè.　Xīngqīyī shì Hànyǔ kǒuyǔkè,　xīngqīsì shì

汉语 阅读课。 ⑤我 很 喜欢 学习 汉语。 ⑥我 每 个 星期五 在 一 家
Hànyǔ yuèdúkè.　Wǒ hěn xǐhuan xuéxí Hànyǔ.　Wǒ měi ge xīngqīwǔ zài yì jiā

拉面店 打工。 ⑦有 时候 店 里 有 中国 客人。
lāmiàndiàn dǎgōng.　Yǒu shíhou diàn li yǒu Zhōngguó kèren.

STEP 2 ピンイン

①Wǒ měi tiān liù diǎn bàn qǐchuáng, qī diǎn bàn qù xuéxiào. ②Wǒmen xuéxiào jiǔ diǎn shàngkè. ③Wǒ yí ge xīngqī yǒu liǎng jié Hànyǔkè. ④Xīngqīyī shì Hànyǔ kǒuyǔkè, xīngqīsì shì Hànyǔ yuèdúkè. ⑤Wǒ hěn xǐhuan xuéxí Hànyǔ. ⑥Wǒ měi ge xīngqīwǔ zài yì jiā lāmiàndiàn dǎgōng. ⑦Yǒu shíhou diàn li yǒu Zhōngguó kèren.

STEP 3 中国語

①我每天六点半起床，七点半去学校。②我们学校九点上课。③我一个星期有两节汉语课。④星期一是汉语口语课，星期四是汉语阅读课。⑤我很喜欢学习汉语。⑥我每个星期五在一家拉面店打工。⑦有时候店里有中国客人。

STEP 4 日本語→中国語

①私は毎日6時半に起き、7時半に学校に行きます。②私たちの学校は9時に授業が始まります。③1週間に2コマ中国語の授業があります。④月曜日は中国語の会話の授業で、木曜日は中国語のリーディングの授業です。⑤私は中国語を勉強するのがとても好きです。⑥私は毎週金曜日にラーメン店でアルバイトをしています。⑦時には店に中国人のお客さんがいます。

UNIT 11

UNIT 12

01 場所・時間を導く介詞 "从/到" 🔊136

UNIT10で場所を導く介詞"在"を学びましたが、今回は場所・時間を導く"从"と"到"を学びます。

どちらも語順は以下の通りで、必ず動詞の前に置きます。

> 主語＋【"从/到"＋場所・時間】＋動詞＋目的語

● "从"

"从"は後に場所を表す言葉を伴って「～から」「～より」と起点や経過地点を表したり、時間を表す言葉を伴って「～から」と開始時間を表します。英語の 'from' と似ています。

我们 从 成田 机场 出发。
Wǒmen cóng Chéngtián jīchǎng chūfā.

去 东京站 从 这儿 一直 走。
Qù Dōngjīngzhàn cóng zhèr yìzhí zǒu.

寒假 从 十二月 二十三 号 开始。
Hánjià cóng shí'èryuè èrshisān hào kāishǐ.

我 从 明天 开始 减肥。
Wǒ cóng míngtiān kāishǐ jiǎnféi.

● "到"

"到"は後に場所を表す言葉を伴って「～へ」「～まで」と終点や到達点を表したり、時間を表す言葉を伴って「～になると」「～までには」と到達時間を表します。英語の 'to' と似ています。

他 到 美国 去 留学。
Tā dào Měiguó qù liúxué.

到 大阪站 怎么 走?
Dào Dàbǎnzhàn zěnme zǒu?

● "从"と"到"を一緒に使って文を作ることができます。

从 家 到 公司 坐 地铁。
Cóng jiā dào gōngsī zuò dìtiě.

从 东京 到 大阪 有 五百 多 公里。
Cóng Dōngjīng dào Dàbǎn yǒu wǔbǎi duō gōnglǐ.

我 从 星期一 到 星期五 上学。
Wǒ cóng xīngqīyī dào xīngqīwǔ shàngxué.

他 从 上午 十 点 到 下午 三 点 在 网吧 上网。
Tā cóng shàngwǔ shí diǎn dào xiàwǔ sān diǎn zài wǎngbā shàngwǎng.

単語 Check 🔊135

- □ 成田机场 Chéngtián jīchǎng（成田空港）
- □ 出发 chūfā（出発する）
- □ 东京站 Dōngjīngzhàn（東京駅）
- □ 一直 yìzhí（ずっと）
- □ 走 zǒu（歩く、行く）
- □ 开始 kāishǐ（始める）
- □ 减肥 jiǎn//féi（ダイエットする）
- □ 到 dào（到着する）
- □ 留学 liú//xué（留学する）
- □ 大阪站 Dàbǎnzhàn（大阪駅）
- □ 每天 měi tiān（毎日）
- □ 地铁 dìtiě（地下鉄）
- □ 东京 Dōngjīng（東京）
- □ 大阪 Dàbǎn（大阪）
- □ 公里 gōnglǐ（キロメートル）
- □ 上学 shàng//xué（登校する）
- □ 网吧 wǎngbā（ネットカフェ）
- □ 上网 shàng//wǎng（ネットをする）
- □ 远 yuǎn（遠い）
- □ 考试 kǎoshì（試験する／試験）
- □ 超市 chāoshì（スーパーマーケット）
- □ 只 zhǐ（～だけ）
- □ 米 mǐ（メートル）

02 2点間の距離の遠近を表す介詞 "离" 🔊137

"离"は「〜から、〜まで」と2点間の距離の遠近を表します。この場合、述語は形容詞の"远"か"近"になります。主語であるAは省略されることもあります。

> A＋"离"＋B＋"很远/很近"

你 家 离 学校 远 不 远？
Nǐ jiā lí xuéxiào yuǎn bu yuǎn?

离 学校 不 太 远。
Lí xuéxiào bú tài yuǎn.

"离"は動詞"有"と組み合わせて、時間・距離の隔たりを表すことができます。

> A＋"离"＋B＋"有"＋時間／距離

离 考试 还 有 一 个 星期。
Lí kǎoshì hái yǒu yí ge xīngqī.

我 家 离 超市 只 有 一百 米。
Wǒ jiā lí chāoshì zhǐ yǒu yìbǎi mǐ.

Check 日本語に合う適切な語句を選ぼう

1. 広州は北京から遠いです。　　　　　　广州［从 / 离］北京很远。
2. 9時から仕事を始めます。　　　　　　［从 / 离］九点开始工作。
3. ここから駅まで行きます。　　　　　　［从 / 离］这儿到车站去。
4. 私の家は駅まで300メートルです。　　我家［从 / 离］车站有三百米。

💬 言ってみよう

▶何時から何時まで、どういった動作をするか言ってみよう

我从_____点到_____点_____。
Wǒ cóng   diǎn dào   diǎn

> 睡觉 shuìjiào（寝る）
> 学习 xuéxí（勉強する）
> 上网 shàngwǎng（インターネットをする）
> 看电视 kàn diànshì（テレビを見る）
> 吃晚饭 chī wǎnfàn（夕食を食べる）

▶距離を聞いて、答えてみよう

你家离车站远吗?
Nǐ jiā lí chēzhàn yuǎn ma?

远不远?
Yuǎn bu yuǎn?

我家离车站很远。
Wǒ jiā lí chēzhàn hěn yuǎn.

不太远。
Bú tài yuǎn.

很近。
Hěn jìn.

🅰 訳してみよう

1. 月曜日から金曜日まで授業があります。

2. コンビニはここからそんなに遠くありません。

3. 私たちは9時半から勉強を始めます。

4. 王先生は羽田空港から帰国します。　※羽田机场 Yǔtián jīchǎng（羽田空港）

5. 北京飯店はここから遠いですか。　※北京饭店 Běijīng fàndiàn（北京飯店）

音読にチャレンジ

🔊 138

STEP 1 中国語＋ピンイン ☐☐☐

①我家在东京。 ②我家离大学很远。 ③从我家到学校要两个小时。
Wǒ jiā zài Dōngjīng. Wǒ jiā lí dàxué hěn yuǎn. Cóng wǒ jiā dào xuéxiào yào liǎng ge xiǎoshí.
④我从星期一到星期五都有课。 ⑤我每天都很忙。 ⑥我晚上从八点到十点学习汉语。
Wǒ cóng xīngqīyī dào xīngqīwǔ dōu yǒu kè. Wǒ měi tiān dōu hěn máng. Wǒ wǎnshang cóng bā diǎn dào shí diǎn xuéxí Hànyǔ.
⑦周六我从早上九点到中午十二点学习英语，下午我从三点到五点学钢琴。
Zhōuliù wǒ cóng zǎoshang jiǔ diǎn dào zhōngwǔ shí'èr diǎn xuéxí Yīngyǔ, xiàwǔ wǒ cóng sān diǎn dào wǔ diǎn xué gāngqín.

UNIT 12

STEP 2 ピンイン ☐☐☐

①Wǒ jiā zài Dōngjīng. ②Wǒ jiā lí dàxué hěn yuǎn. ③Cóng wǒ jiā dào xuéxiào yào liǎng ge xiǎoshí. ④Wǒ cóng xīngqīyī dào xīngqīwǔ dōu yǒu kè. ⑤Wǒ měi tiān dōu hěn máng. ⑥Wǒ wǎnshang cóng bā diǎn dào shí diǎn xuéxí Hànyǔ. ⑦Zhōuliù wǒ cóng zǎoshang jiǔ diǎn dào zhōngwǔ shí'èr diǎn xuéxí Yīngyǔ, xiàwǔ wǒ cóng sān diǎn dào wǔ diǎn xué gāngqín.

STEP 3 中国語 ☐☐☐

①我家在东京。②我家离大学很远。③从我家到学校要两个小时。④我从星期一到星期五都有课。⑤我每天都很忙。⑥我晚上从八点到十点学习汉语。⑦周六我从早上九点到中午十二点学习英语，下午我从三点到五点学钢琴。

STEP 4 日本語→中国語 ☐☐☐

①私の家は東京にあります。②私の家は大学から遠く、③家から学校まで2時間かかります。④月曜日から金曜日まで授業があり、⑤私は毎日忙しいです。⑥私は夜8時から10時まで中国語を勉強します。⑦土曜日は朝9時から昼の12時まで英語を勉強し、午後3時から5時までピアノを習います。

UNIT 13

01 連動文 🔊140

これまで学んだ文は、1つの文に1つの動詞でしたが、ここでは連動文といって、同一の主語が時間の流れに沿って2つ以上の動作をする文を学びます。

例えば、"去新宿看电影 qù Xīnsù kàn diànyǐng"=「新宿に行く＋映画を観る」、"来我家玩儿 lái wǒ jiā wánr"=「私の家に来る＋遊ぶ」のような文です。日本語では「新宿に映画を見に行く」、「私の家に遊びに来る」と訳すのが自然ですが、中国語では、動作の発生順に動詞フレーズを並べますので、語順に注意しましょう。

　　　　　　　　　　動詞フレーズⅠ　　動詞フレーズⅡ
　　　　主語＋ 動詞＋目的語 ＋ 動詞＋目的語

単語 Check 🔊139
- □ 旅行 lǚxíng（旅行する）
- □ 一起 yìqǐ（一緒に）
- □ 午饭 wǔfàn（昼食）
- □ 回 huí（帰る、戻る）
- □ 晚饭 wǎnfàn（夕食）
- □ 东西 dōngxi（もの）
- □ 尝 cháng（味わう）
- □ 味道 wèidao（味）
- □ 音乐 yīnyuè（音楽）

●動詞フレーズⅠの動詞が"来/去"の場合

　主語＋"来/去"＋（場所）＋動詞＋目的語（〜しに来る/〜しに行く）

周末 你 来 我 家 玩儿 吧。
Zhōumò nǐ lái wǒ jiā wánr ba.

寒假 你 去 哪儿 旅行？
Hánjià nǐ qù nǎr lǚxíng?

咱们 一起 去 吃 午饭,好 吗？
Zánmen yìqǐ qù chī wǔfàn, hǎo ma?

●動詞フレーズⅠが動詞フレーズⅡの手段・方法を表す場合

我 坐 地铁 去 学校。
Wǒ zuò dìtiě qù xuéxiào.

我 回 家 吃 晚饭。
Wǒ huí jiā chī wǎnfàn.

我 妈妈 每 天 骑 自行车 去 买 东西。
Wǒ māma měi tiān qí zìxíngchē qù mǎi dōngxi.

●否定文　否定の副詞"不"を動詞フレーズⅠの前に置く

我 不 坐 地铁 去 学校。
Wǒ bú zuò dìtiě qù xuéxiào.

我 不 回 家 吃 晚饭。
Wǒ bù huí jiā chī wǎnfàn.

Check 次の語句を正しい語順に並べ替えてみよう

1. 去 / 我 / 打工 / 。

2. 电车 / 我 / 坐 / 去 / 买 / 东西 / 。

3. 哪儿 / 暑假 / 你 / 去 / 旅游 / ？

4. 我 / 自行车 / 不 / 去 / 骑 / 学校 / 。

02 動詞の重ね型　　　🔊141

動詞を重ねることで、「ちょっと～する、試しに～してみる」という意味を表すことができます。

1音節の動詞は"AA"又は"A一A"、2音節の動詞は"ABAB"という形になります。重ねた2つめの動詞と"一"は軽声で発音します。

你 尝 一 尝, 这个 菜 味道 怎么样?
Nǐ cháng yi cháng, zhèige cài wèidao zěnmeyàng?

星期天 我 在 家 看看 电视, 听听 音乐。
Xīngqītiān wǒ zài jiā kànkan diànshì, tīngting yīnyuè.

我们 一起 学习学习 吧!
Wǒmen yìqǐ xuéxíxuexi ba!

UNIT 13

Check 「ちょっと～してみる」という言い方にしてみよう

1. 辞書をひく	查词典 chá cídiǎn	⇒
2. 注射を打つ	打针 dǎ zhēn	⇒
3. 髪の毛を切る	剪头发 jiǎn tóufa	⇒
4. 体温を測る	量体温 liáng tǐwēn	⇒
5. 洗濯する	洗衣服 xǐ yīfu	⇒
6. 部屋を掃除する	打扫房间 dǎsǎo fángjiān	⇒
7. 本文を復習する	复习课文 fùxí kèwén	⇒
8. 状況を紹介する	介绍情况 jièshào qíngkuàng	⇒
9. 物を片づける	收拾东西 shōushi dōngxi	⇒
10. 問題を検討する	讨论问题 tǎolùn wèntí	⇒

💬 言ってみよう

▶どうやって行くか聞いて、答えてみよう

你怎么去学校？
Nǐ zěnme qù xuéxiào?

我＿＿＿＿＿＿去学校。
Wǒ　　　　　qù xuéxiào.

> 坐电车 zuò diànchē（電車に乗る）
> 坐公交车 zuò gōngjiāochē（バスに乗る）
> 坐地铁 zuò dìtiě（地下鉄に乗る）
> 骑自行车 qí zìxíngchē（自転車に乗る）

🅰 訳してみよう

1. あなたは何曜日にアルバイトに行きますか。

2. あなたは空港に友達を迎えに行きますか。

3. 私たちハンバーガーを買って食べましょう。　　※汉堡包 hànbǎobāo（ハンバーガー）

4. 私たちカフェに行ってちょっと休憩しましょう。

5. 私が王先生にちょっと聞きに行ってみましょう。

音読にチャレンジ

🔊 142

STEP 1 中国語＋ピンイン ☐☐☐

①木下 是 我 的 好 朋友， 她 常常 来 我 家 玩儿。 ②我们 一起 看看
　Mùxià shì wǒ de hǎo péngyou, tā chángcháng lái wǒ jiā wánr.　 Wǒmen yìqǐ kànkan

电视， 听听 音乐， 非常 开心。 ③明天 是 星期六， 我们 去 电影院
diànshì, tīngting yīnyuè, fēicháng kāixīn.　 Míngtiān shì xīngqīliù,　 wǒmen qù diànyǐngyuàn

看 电影。 ④星期天 我 没事儿， 在 家 打扫打扫 房间， 洗洗 衣服。
kàn diànyǐng.　 Xīngqītiān wǒ méishìr,　 zài jiā dǎsǎodasao fángjiān, xǐxi yīfu.

STEP 2 ピンイン ☐☐☐

①Mùxià shì wǒ de hǎo péngyou, tā chángcháng lái wǒ jiā wánr. ②Wǒmen yìqǐ kànkan diànshì, tīngting yīnyuè, fēicháng kāixīn. ③Míngtiān shì xīngqīliù, wǒmen qù diànyǐngyuàn kàn diànyǐng. ④Xīngqītiān wǒ méishìr, zài jiā dǎsǎodasao fángjiān, xǐxi yīfu.

STEP 3 中国語 ☐☐☐

①木下是我的好朋友，她常常来我家玩儿。②我们一起看看电视，听听音乐，非常开心。③明天是星期六，我们去电影院看电影。④星期天我没事儿，在家打扫打扫房间，洗洗衣服。

STEP 4 日本語→中国語 ☐☐☐

①木村さんは私の親友で、彼女はいつも家に遊びに来ます。②私たちは一緒にテレビを見たり、音楽を聴いたりして、とても楽しいです。③明日は土曜日で、私たちは一緒に映画館に映画を見に行きます。④日曜日はすることがないので、家で部屋の掃除をしたり、洗濯をします。

UNIT 13

UNIT 14

01 時量（時間の長さ） 🔊144

時量（時間の長さ）を表す言葉には"〜分钟"、"〜小时"、"〜天"、"〜星期"、"〜个月"、"〜年"があります。時量を表す時の「2」は下表のように全て"两 liǎng"となることに注意が必要です。

两分钟 liǎng fēnzhōng（2分間）	两（个）星期 liǎng (ge) xīngqī（2週間）
两个小时 liǎng ge xiǎoshí（2時間）	两个月 liǎng ge yuè（2ヶ月間）
两天 liǎng tiān（2日間）	两年 liǎng nián（2年間）

「何分間？」のように尋ねる場合には、次の表のような疑問詞が組み合わされます。

～分間	几分钟？ Jǐ fēnzhōng?
	多少分钟？ Duōshao fēnzhōng?
～時間	几（个）小时？ Jǐ (ge) xiǎoshí?
	多少（个）小时？ Duōshao (ge) xiǎoshí?
～日間	几天？ Jǐ tiān?
	多少天？ Duōshao tiān?
～週間	几（个）星期？ Jǐ (ge) xīngqī?
	多少（个）星期？ Duōshao (ge) xīngqī?
～一ヵ月	几个月？ Jǐ ge yuè?
	多少（个）月？ Duōshao (ge) yuè?
～年間	几年？ Jǐ nián?
	多少年？ Duōshao nián?
どれくらいの時間	多长时间？ Duō cháng shíjiān?

では時量を表す言葉は、どこに置けばいいのでしょうか？
時量は、必ず動詞の後に置きます。

　　　主語　＋　動詞　＋　時量　＋　目的語

你 睡 几 个 小时？
Nǐ shuì jǐ ge xiǎoshí?

我 睡 六 个 小时。
Wǒ shuì liù ge xiǎoshí.

我 看 一 个 小时 电视。
Wǒ kàn yí ge xiǎoshí diànshì.

从 我 家 到 学校 要 两 个 小时。
Cóng wǒ jiā dào xuéxiào yào liǎng ge xiǎoshí.

但し、目的語が人称代名詞の場合は、「主語 ＋ 動詞 ＋ 人称代名詞 ＋ 時量」の語順になります。

请 等 我 五 分钟 好 吗？
Qǐng děng wǒ wǔ fēnzhōng hǎo ma?

単語 Check 🔊143

- 分钟 fēnzhōng（〜分間）
- 多少 duōshao（どれくらい）
- 小时 xiǎoshí（〜時間）
- 多长 duō cháng（どれぐらい）
- 等于 děngyú（〜に等しい）
- 睡 shuì（寝る）
- 请 qǐng（どうぞ〜してください）
- 等 děng（待つ）
- 电子游戏 diànzǐ yóuxì（テレビゲーム）

02 時点と時量　　　🔊145

時点は、時間の流れのワンポイントで、すでに UNIT11 でまとめました。時量は、今回学んだ時間の長さのことです。時点と時量の文中での位置は下記の通りですので、しっかりと覚えましょう。

> （時点＋）主語＋<u>時点</u>＋動詞＋<u>時量</u>＋目的語

二分 èr fēn（2分）	两分钟 liǎng fēnzhōng（2分間）
两点半 liǎng diǎn bàn（2時半）	两个半小时 liǎng ge bàn xiǎoshí（2時間半）
二号 èr hào（2日）	两天 liǎng tiān（2日間）
星期二 xīngqī'èr（火曜日）	两个星期 liǎng ge xīngqī（2週間）
二月 èryuè（2月）	两个月 liǎng ge yuè（2ヶ月間）
二〇一七年 èrlíngyīqī nián（2017年）	两年 liǎng nián（2年間）

UNIT 14

　動詞を中心にして、前が時点、後が時量です。時点は、その時間を強調したければ、文頭に置くことができましたね。通常は日本語と同様に動詞の前に置きます。

我们 <u>星期五</u> 学习 ～一 个 半 小 时～ 汉语。
Wǒmen xīngqīwǔ xuéxí yí ge bàn xiǎoshí Hànyǔ.

我 弟弟 <u>每 天</u> 玩儿 ～一 个 小 时～ 电子 游戏。
Wǒ dìdi měi tiān wánr yí ge xiǎoshí diànzǐ yóuxì.

Check　意味を考えながら読んでみよう

1. 一个小时等于六十分钟。　　　Yí ge xiǎoshí děngyú liùshí fēnzhōng.
2. 一天等于二十四小时。　　　　Yì tiān děngyú èrshísì xiǎoshí.
3. 两个星期等于十四天。　　　　Liǎng ge xīngqī děngyú shísì tiān.
4. 一个月等于三十天／三十一天。Yí ge yuè děngyú sānshí tiān/sānshíyī tiān.
5. 一年等于十二个月。　　　　　Yì nián děngyú shí'èr ge yuè.

※等于 děngyú（等しい、イコールである）

Check　次の単語を時点と時量に分けてみよう

1. 每天
2. 十三号
3. 四个小时
4. 四点一刻
5. 这个星期二
6. 三个星期
7. 七月
8. 七个月

言ってみよう

▶次の動作をどれだけの時間するのか言ってみよう

	睡 shuì _____ 小时。		（寝る）
	刷 shuā _____ 分钟牙。 yá		（歯を磨く）
	吃 chī _____ 分钟早饭。 zǎofàn		（朝食を食べる）
我	坐 zuò _____ 分钟电车。 diànchē		（電車に乗る）
	学习 xuéxí _____ 小时。		（勉強する）
	写 xiě _____ 分钟作业。 zuòyè		（宿題をする）
	看 kàn _____ 分钟电视。 diànshì		（テレビを見る）

▶クラスメートに上の動作をどれだけの時間するのか聞いてみよう

訳してみよう

1. あなたは何曜日に中国語の授業がありますか。

2. あなたの家から駅まで何分かかりますか。

3. 私たちは彼女を5分待ちましょう。

4. 彼は毎週2日間休みます。

5. 彼女は土曜日に1時間半テニスをします。

音読にチャレンジ

🔊 146

STEP 1 中国語＋ピンイン

①我 是 高中 一 年级 的 学生。 ②每 天 我 都 很 忙。 ③我 每 天 六 点
　Wǒ shì gāozhōng yī niánjí de xuésheng. 　Měi tiān wǒ dōu hěn máng. 　Wǒ měi tiān liù diǎn

半 起床，　七 点 半 去 学校，晚上 七 点 回 家。 ④每 天 在 家 学习
bàn qǐchuáng, 　qī diǎn bàn qù xuéxiào, wǎnshang qī diǎn huí jiā. 　Měi tiān zài jiā xuéxí

两 个 小时。 ⑤我 晚上 十二 点 睡觉，每 天 睡 六 个 半 小时。 ⑥我 每
liǎng ge xiǎoshí. Wǒ wǎnshang shí'èr diǎn shuìjiào, měi tiān shuì liù ge bàn xiǎoshí. Wǒ měi

周六 去 打工。 ⑦我 在 一 家 便利店 打工。 ⑧每 次 打 六 个 小时。
zhōuliù qù dǎgōng. 　Wǒ zài yì jiā biànlìdiàn dǎgōng. 　Měi cì dǎ　 liù ge xiǎoshí.

STEP 2 ピンイン

①Wǒ shì gāozhōng yī niánjí de xuésheng. ②Měi tiān wǒ dōu hěn máng. ③Wǒ měi tiān liù diǎn bàn qǐchuáng, qī diǎn bàn qù xuéxiào, wǎnshang qī diǎn huí jiā. ④Měi tiān zài jiā xuéxí liǎng ge xiǎoshí. ⑤Wǒ wǎnshang shí'èr diǎn shuìjiào, měi tiān shuì liù ge bàn xiǎoshí. ⑥Wǒ měi zhōuliù qù dǎgōng. ⑦Wǒ zài yì jiā biànlìdiàn dǎgōng. ⑧Měi cì dǎ liù ge xiǎoshí.

STEP 3 中国語

①我是高中一年级的学生。②每天我都很忙。③我每天六点半起床，七点半去学校，晚上七点回家。④每天在家学习两个小时。⑤我晚上十二点睡觉，每天睡六个半小时。⑥我每周六去打工。⑦我在一家便利店打工。⑧每次打六个小时。

STEP 4 日本語→中国語

①私は高校1年生です。②毎日忙しいです。③私は毎日6時半に起きて、7時半に学校に行き、夜7時に家に帰ります。④毎日家では2時間勉強します。⑤夜12時に寝て、毎日6時間半寝ます。⑥私は毎週土曜日にアルバイトに行きます。⑦私はコンビニでアルバイトをしています。⑧毎回6時間アルバイトをします。

UNIT 14

UNIT 15

01 助動詞 "想/要" 🔊148

助動詞は動詞の前に置いて、話し手の主体的な判断を表します。まず、「…するつもりだ、…したい」という意志・願望を表す "想 xiǎng/ 要 yào" を学びます。両者の意志・願望の度合いを比べてみると、"要" ＞ "想" というイメージです。

● 肯定文　主語＋ "想 / 要" ＋動詞＋目的語

我 想 看 中国 电影。
Wǒ xiǎng kàn Zhōngguó diànyǐng.

铃木 要 去 中国 留学。
Língmù yào qù Zhōngguó liúxué.

● 否定文　主語＋ "不想" ＋動詞＋目的語

我 不 想 喝 可乐。
Wǒ bù xiǎng hē kělè.

铃木 不 想 去 中国 留学。
Língmù bù xiǎng qù Zhōngguó liúxué.

● 疑問文　主語＋ "想／要" ＋動詞＋目的語＋ "吗" ？
　　　　　主語＋ "想不想／要不要" ＋動詞＋目的語？

你 想 去 图书馆 吗?
Nǐ xiǎng qù túshūguǎn ma?

你 要 不 要 买 智能 手机?
Nǐ yào bu yào mǎi zhìnéng shǒujī?

你 想 去 哪儿 吃 饭?
Nǐ xiǎng qù nǎr chī fàn?

単語 Check 🔊147

- □ 可乐 kělè（コーラ）
- □ 智能手机
  zhìnéng shǒujī
  （スマートフォン）
- □ 小说 xiǎoshuō（小説）
- □ 打扫 dǎsǎo
  （掃除する）
- □ 药 yào（薬）
- □ 外语 wàiyǔ（外国語）

□肯定は意志・願望の度合いによって、"想 / 要" のどちらを使ってもかまいませんが、否定は "不想" となります。"不要" とすると、「…するな」という禁止の意味になるので、注意しましょう。

Check 日本語に合うように（　）に中国語を書き入れてみよう

1. あなたはコーヒーを飲みたいですか。　　你（　　）喝咖啡吗？

2. 私はこの映画を観たくない。　　　　　　我不（　　）看这个电影。

3. 冬休みにはあなたはどこに行きたいですか。　寒假你（　　）去哪儿？

02 助動詞 "应该 / 得 / 要" 🔊149

「…すべきだ」「…しなければならない」と義務・必要を表す時には "应该 yīnggāi / 得 děi / 要 yào" を使います。この3つの使い分けをもう少し具体的に言うと、"应该" は「(当然) …すべきである」、"得" は「(義務として) …しなければならない」、"要" は「(自発的に) …しなければならない、…する必要がある」となります。

● 肯定文　主語＋"应该 / 得 / 要"＋動詞＋目的語

你 应该 看 这 本 小说。
Nǐ yīnggāi kàn zhèi běn xiǎoshuō.

我们 得 打扫 教室。
Wǒmen děi dǎsǎo jiàoshì.

我 明天 要 五 点 起床。
Wǒ míngtiān yào wǔ diǎn qǐchuáng.

● 否定文　"应该"→　主語＋"不应该"＋動詞＋目的語
　　　　　"得 / 要"→　主語＋"不用"＋動詞＋目的語

你 不 应该 吃 这 种 药。
Nǐ bù yīnggāi chī zhèi zhǒng yào.

你 明天 不用 来。
Nǐ míngtiān búyòng lái.

● 疑問文　主語＋"应该 / 得 / 要"＋動詞＋目的語＋"吗"？
　　　　　主語＋"应该不应该 / 得不得 / 要不要"＋動詞＋目的語？

明天 我 也 得 来 吗？
Míngtiān wǒ yě děi lái ma?

我们 要 不 要 学 外语？
Wǒmen yào bu yào xué wàiyǔ?

我们 应该 怎么 办？
Wǒmen yīnggāi zěnme bàn?

□ "不应该" は「…すべきでない」、"不用" は「…する必要がない、…するには及ばない」という意味です。

Check 次の質問に中国語で答えてみよう

1. 你想去中国旅游吗？

2. 你明天要几点起床？

3. 你中午想去哪儿吃饭？

言ってみよう

▶なにを食べたいか、飲みたいか、聞いて、答えてみよう

你想｛吃／喝｝什么？

我想｛吃／喝｝_____。

> 面包 miànbāo（パン）面条 miàntiáo（麺）饺子 jiǎozi（餃子）
> 咖啡 kāfēi（コーヒー）牛奶 niúnǎi（牛乳）可乐 kělè（コーラ）

▶どこに行きたいか、聞いて、答えてみよう

你想去哪儿？

我想去 _____。

> 车站 chēzhàn（駅、バス停）机场 jīchǎng（空港）学校 xuéxiào（学校）
> 医院 yīyuàn（病院）电影院 diànyǐngyuàn（映画館）图书馆 túshūguǎn（図書館）

訳してみよう

1. あなたはどれを買うつもりですか。

___

2. 私は今日は中国料理を食べたくありません。

___

3. あなたはあのレストランの料理を食べるべきです。

___

4. あなたはあの本を買う必要はありません。

___

5. 兄は北京で働きたいのです。

___

音読にチャレンジ

🔊 150

STEP 1 中国語＋ピンイン ☐☐☐

① 今年 暑假 我 想 去 中国 旅游， 田中 暑假 也 想 去 中国 旅游。
Jīnnián shǔjià wǒ xiǎng qù Zhōngguó lǚyóu, Tiánzhōng shǔjià yě xiǎng qù Zhōngguó lǚyóu.

② 我 打算 去 北京，田中 打算 去 上海。 ③ 听说 现在 中国 的 物价 很 高，
Wǒ dǎsuàn qù Běijīng, Tiánzhōng dǎsuàn qù Shànghǎi. Tīngshuō xiànzài Zhōngguó de wùjià hěn gāo,

为了 去 中国， 我 要 打工 赚 钱。　　　④ 田中 说， 赚钱 很 重要，
wèile qù Zhōngguó, wǒ yào dǎgōng zhuàn qián.　　Tiánzhōng shuō, zhuàn qián hěn zhòngyào,

但 我们 现在 更 应该 好好儿 学习 汉语。
dàn wǒmen xiànzài gèng yīnggāi hǎohāor xuéxí Hànyǔ.

STEP 2 ピンイン ☐☐☐

① Jīnnián shǔjià wǒ xiǎng qù Zhōngguó lǚyóu, Tiánzhōng shǔjià yě xiǎng qù Zhōngguó lǚyóu. ② Wǒ dǎsuàn qù Běijīng, Tiánzhōng dǎsuàn qù Shànghǎi. ③ Tīngshuō xiànzài Zhōngguó de wùjià hěn gāo, wèile qù Zhōngguó, wǒ yào dǎgōng zhuàn qián. ④ Tiánzhōng shuō, zhuàn qián hěn zhòngyào, dàn wǒmen xiànzài gèng yīnggāi hǎohāor xuéxí Hànyǔ.

STEP 3 中国語 ☐☐☐

① 今年暑假我想去中国旅游，田中暑假也想去中国旅游。② 我打算去北京，田中打算去上海。③ 听说现在中国的物价很高，为了去中国，我要打工赚钱。④ 田中说，赚钱很重要，但我们现在更应该好好儿学习汉语。

STEP 4 日本語→中国語 ☐☐☐

① 今年の夏休み、私は中国に旅行に行きたく、田中くんも中国に旅行に行きたいです。② 私は北京に行くつもりで、田中くんは上海に行くつもりです。③ 聞くところによると今、中国の物価は高いそうなので、中国に行くためにアルバイトをしてお金を貯めなければいけません。④ 田中くんは、お金を貯めるのも大事だが、私たちは今はもっとしっかり中国語を勉強するべきだと言います。

UNIT 15

UNIT 16

01 助動詞 "会" 🔊152

今回は「できる」という意味を表す助動詞を学びます。中国語ではどのようなことができるかによって、"会 huì ／能 néng ／可以 kěyǐ"の3つの助動詞を使い分けなければいけません。

まず"会"は練習や訓練によって技術を習得してできるものに使います。具体的なジャンルで言うと、「語学、スポーツ、楽器の演奏、喫煙、飲酒」などです。理解・習得して自分のものにすることを「会得(えとく)する」と言うので、「会得の"会"」と覚えておきましょう。

●肯定文　主語＋"会"＋動詞＋目的語

她 会 说 英语 和 汉语。
Tā huì shuō Yīngyǔ hé Hànyǔ.

铃木 会 弹 钢琴。
Língmù huì tán gāngqín.

小王 会 踢 足球。
Xiǎo-Wáng huì tī zúqiú.

●否定文　主語＋"不会"＋動詞＋目的語

我 妹妹 不 会 游泳。
Wǒ mèimei bú huì yóuyǒng.

我 爸爸 也 不 会 喝 酒。
Wǒ bàba yě bú huì hē jiǔ.

我 儿子 还 不 会 骑 自行车。
Wǒ érzi hái bú huì qí zìxíngchē.

●疑問文　主語＋"会"＋動詞＋目的語＋"吗"？
　　　　　主語＋"会不会"＋動詞＋目的語？

你 妈妈 会 开车 吗？
Nǐ māma huì kāichē ma?

你 会 说 什么 外语？
Nǐ huì shuō shénme wàiyǔ?

你 会 不 会 包 饺子？
Nǐ huì bu huì bāo jiǎozi?

単語 Check 🔊151

- 英语 Yīngyǔ（英語）
- 弹 tán（弾く）
- 钢琴 gāngqín（ピアノ）
- 小～ xiǎo（[一字姓の前につけて]～くん、～ちゃん）
- 踢 tī（ける）
- 足球 zúqiú（サッカー）
- 游泳 yóuyǒng（泳ぐ）
- 儿子 érzi（息子）
- 开车 kāi//chē（運転する）
- 包 bāo（包む）
- 饺子 jiǎozi（餃子）
- 游 yóu（泳ぐ）
- 跑 pǎo（走る）
- 全程马拉松 quánchéng mǎlāsōng（フルマラソン）
- 参加 cānjiā（参加する）
- 音乐会 yīnyuèhuì（コンサート）
- 事 shì（こと）
- 钱 qián（お金）
- 大家 dàjiā（みんな）
- 出版 chūbǎn（出版する）
- 中文 Zhōngwén（中国語）

□助動詞"会"は、"会"(できます)、"不会"(できません)と単独で質問の答えに用いることができます。

また"会"は"你会英语吗？"(あなたは英語ができますか。)のように動詞としても使うことができます。

02 助動詞 "能" 🔊153

助動詞 "能" には以下の2つの意味があります。
① 「能力があって〜できる」：助動詞 "会" でできるようになったことが、どれくらいできるのか、その能力を表します。
② 「条件・状況が整っていて〜できる」

● 肯定文　主語＋"能"＋動詞＋目的語

田中 能 游 一 公里。
Tiánzhōng néng yóu yì gōnglǐ.

她 能 跑 全程 马拉松。
Tā néng pǎo quánchéng mǎlāsōng.

我 能 参加 周末 的 音乐会。
Wǒ néng cānjiā zhōumò de yīnyuèhuì.

● 否定文　主語＋"不能"＋動詞＋目的語

明天 我 有事，不 能 去 看 电影。
Míngtiān wǒ yǒu shì, bù néng qù kàn diànyǐng.

我 现在 没有 钱，不 能 买。
Wǒ xiànzài méiyǒu qián, bù néng mǎi.

这儿 不 能 吃 东西。
Zhèr bù néng chī dōngxi.

● 疑問文　主語＋"能"＋動詞＋目的語＋"吗"？
　　　　　主語＋"能不能"＋動詞＋目的語？

大家 明天 能 来 我 这儿 吗？
Dàjiā míngtiān néng lái wǒ zhèr ma?

你 写 的 书 什么 时候 能 出版？
Nǐ xiě de shū shénme shíhou néng chūbǎn?

□ 能力があって「できる」ことを表す "能" は「1000メートル泳ぐことができる」、「100メートルを11秒で走ることができる」など、具体的な量や時間と関連した表現と一緒に用いられることが多いです。

Check [　　]の条件にあう最も適切な語句を選んでみよう

1.[1ヵ月勉強して]　　　　　你 [会 / 能] 说英语吗？

2.[お酒を飲んで]　　　　　　我今天不 [会 / 能] 开车。

3.[免許を持っていて]　　　　你哥哥 [会 / 能] 开车吗？

4.[才能とたゆまぬ努力で]　　我 [会 / 能] 游一千米。

💬 言ってみよう

▶適切な動詞を入れて、何ができるか、できないかを言ってみよう

网球 wǎngqiú	（テニス）
棒球 bàngqiú	（野球）
篮球 lánqiú	（バスケ）
足球 zúqiú	（サッカー）
汉语 Hànyǔ	（中国語）
英语 Yīngyǔ	（英語）
德语 Déyǔ	（ドイツ語）
韩语 Hányǔ	（朝鮮語）
自行车 zìxíngchē	（自転車）
摩托车 mótuōchē	（バイク）

我 会＿＿＿＿
我不会＿＿＿＿

🅐 訳してみよう

1. 彼の弟もサッカーができますか。

2. 彼女は1分間に60メートル泳げます。

3. 彼らはみな中国語を話せますか。

4. 私はいつ退院できますか。 ※出院 chūyuàn（退院する）

5. あなたはここで私を待ってもらえますか。

音読にチャレンジ

🔊 154

STEP 1 中国語＋ピンイン ☐☐☐

①我 喜欢 运动。 ②我 会 打 棒球，也 会 游泳。 ③我 还 喜欢 跑步，我 能
　Wǒ xǐhuan yùndòng.　Wǒ huì dǎ bàngqiú, yě huì yóuyǒng.　Wǒ hái xǐhuan pǎobù, wǒ néng

跑 全程 马拉松。 ④我 哥哥 喜欢 学 外语，他 会 说 三 种 外语，他 很
pǎo quánchéng mǎlāsōng. Wǒ gēge xǐhuan xué wàiyǔ, tā huì shuō sān zhǒng wàiyǔ, tā hěn

厉害！
lìhai!

STEP 2 ピンイン ☐☐☐

①Wǒ xǐhuan yùndòng. ②Wǒ huì dǎ bàngqiú, yě huì yóuyǒng. ③Wǒ hái xǐhuan pǎobù, wǒ néng pǎo quánchéng mǎlāsōng. ④Wǒ gēge xǐhuan xué wàiyǔ, tā huì shuō sān zhǒng wàiyǔ, tā hěn lìhai!

STEP 3 中国語 ☐☐☐

①我喜欢运动。②我会打棒球，也会游泳。③我还喜欢跑步，我能跑全程马拉松。④我哥哥喜欢学外语，他会说三种外语，他很厉害！

STEP 4 日本語→中国語 ☐☐☐

①私はスポーツが好きです。②野球ができ、水泳もできます。③私はさらにジョギングが好きで、フルマラソンを走ることができます。④兄は外国語を学ぶのが好きで、3ヵ国語を話せて、すごいですよ。

UNIT 17

01 助動詞 "可以" .... 🔊156

助動詞 "可以" には以下の2つの意味があります。
① 「許可されて～できる、～してよい」
② 「条件・状況が整っていて～できる」
（UNIT16で学んだ助動詞 "能" の②と同じです。）

● 肯定文　主語＋"可以"＋動詞＋目的語

这儿 可以 拍照。
Zhèr kěyǐ pāizhào.

我 可以 来。
Wǒ kěyǐ lái.

● 否定文　主語＋"不能"＋動詞＋目的語

不行，这儿 不 能 拍照。
Bùxíng, zhèr bù néng pāizhào.

这儿 不 能 抽烟，那儿 可以。
Zhèr bù néng chōu yān, nàr kěyǐ.

● 疑問文　主語＋"可以"＋動詞＋目的語＋"吗"？
　　　　　主語＋"可不可以"＋動詞＋目的語？

这儿 可以 拍照 吗？
Zhèr kěyǐ pāizhào ma?

我 也 可以 去 吗？
Wǒ yě kěyǐ qù ma?

我 可 不 可以 用 你 的 词典？
Wǒ kě bu kěyǐ yòng nǐ de cídiǎn?

単語 Check 🔊155

☐ 拍照 pāi//zhào
（写真を撮る）
☐ 抽烟 chōu yān
（タバコを吸う）
☐ 用 yòng（使う）
☐ 礼物 lǐwù
（プレゼント）
☐ 一定 yídìng（きっと）
☐ 漫画 mànhuà（漫画）
☐ 休息 xiūxi（休憩する）

☐ 「～できない」と否定する場合は、"不能" を使います。"不可以" とすると「～してはいけない」と禁止の意味になります。

这儿不可以拍照。
Zhèr bù kěyǐ pāizhào.
（ここでは写真は撮ってはいけない＝撮影禁止）

Check 適切な語句を選び、日本語に訳してみよう

1. 我 [会 / 可以] 用你的铅笔吗？

2. 我不 [能 / 会] 回家。

3. 这儿 [会 / 可以] 吃东西。

02 可能性の助動詞 "会" 🔊 157

UNIT16では練習や訓練によって技術を習得して「できる」という意味を表す"会"を学びましたが、助動詞"会"にはもう一つ、「～するだろう、～するはずだ」という可能性を表す用法もあります。否定形は"不会"です。

文末に判断の語気を強める助詞"的"を加えて、"会～的"という呼応形式がよく用いられます。

●肯定文　主語＋"会"＋動詞＋目的語（＋"的"）

今天 晚上 会 下 雨（的）。
Jīntiān wǎnshang huì xià yǔ (de).

铃木 会 喜欢 这个 礼物（的）。
Língmù huì xǐhuan zhèige lǐwù (de).

明天 他 一定 会 来（的）。
Míngtiān tā yídìng huì lái (de).

●否定文　主語＋"不会"＋動詞＋目的語（＋"的"）

今天 不 会 下 雨（的）。
Jīntiān bú huì xià yǔ (de).

周末 她 不 会 在 家（的）。
Zhōumò tā bú huì zài jiā (de).

今天 他 不 会 不 来（的）。
Jīntiān tā bú huì bù lái (de).

●疑問文　主語＋"会"＋動詞＋目的語＋"吗"？
　　　　　　主語＋"会不会"＋動詞＋目的語？

今天 他 会 来（的）吗？
Jīntiān tā huì lái (de) ma?

休息 两 天 会 好（的）吗？
Xiūxi liǎng tiān huì hǎo (de) ma?

明天 会 不 会 下 雨（的）？
Míngtiān huì bu huì xià yǔ (de)?

□ "不会不"＋動詞は、"不"が2つある二重否定です。形式上は否定ですが、意味としては可能性が非常に高いこと、つまり肯定を表し、副詞"一定"「必ず、きっと」と同じ意味になります。

这么有意思的漫画，她不会不买。
Zhème yǒu yìsi de mànhuà, tā bú huì bù mǎi.
（こんなにも面白いマンガを彼女が買わないはずはない→必ず買う）

💬 言ってみよう

▶相手に許可を求めてみよう

可以＿＿＿＿＿＿＿＿＿＿吗？

> 拍照 pāizhào （写真を撮る）
>
> 坐这儿 zuò zhèr （ここに座る）
>
> 打手机 dǎ shǒujī （携帯電話をかける）
>
> 不去 bú qù （行かない）
>
> 看看 kànkan （ちょっと見る）
>
> 试穿 shìchuān （試着する）

🅰 訳してみよう

1. 私はまだ泳げません。

2. 彼は今では中国語の雑誌が読めます。

3. 王くんはいま図書館にいるでしょう。

4. 私の携帯電話を使っていいですよ。

5. 鈴木さんは1分間に漢字を100字書けます。

音読にチャレンジ

🔊 158

STEP 1 中国語 + ピンイン

① 明天 同学 聚会，田中 一定 会 去。② 铃木 最近 很 忙，不 一定 会
Míngtiān tóngxué jùhuì, Tiánzhōng yídìng huì qù. Língmù zuìjìn hěn máng, bù yídìng huì

去。③ 聚会 的 餐馆 附近 没有 地铁，很 不 方便。④ 去 那里 开车 最 方便。
qù. Jùhuì de cānguǎn fùjìn méiyǒu dìtiě, hěn bù fāngbiàn. Qù nàli kāichē zuì fāngbiàn.

⑤ 天气 预报 说 明天 晚上 会 下 雨，我 爸爸 会 开车 送 我 去，你 也
Tiānqì yùbào shuō míngtiān wǎnshang huì xià yǔ, wǒ bàba huì kāichē sòng wǒ qù, nǐ yě

可以 坐 我 爸爸 的 车 去。
kěyǐ zuò wǒ bàba de chē qù.

STEP 2 ピンイン

① Míngtiān tóngxué jùhuì, Tiánzhōng yídìng huì qù. ② Língmù zuìjìn hěn máng, bù yídìng huì qù. ③ Jùhuì de cānguǎn fùjìn méiyǒu dìtiě, hěn bù fāngbiàn. ④ Qù nàli kāichē zuì fāngbiàn. ⑤ Tiānqì yùbào shuō míngtiān wǎnshang huì xià yǔ, wǒ bàba huì kāichē sòng wǒ qù, Nǐ yě kěyǐ zuò wǒ bàba de chē qù.

STEP 3 中国語

① 明天同学聚会，田中一定会去。② 铃木最近很忙，不一定会去。③ 聚会的餐馆附近没有地铁，很不方便。④ 去那里开车最方便。⑤ 天气预报说明天晚上会下雨，我爸爸会开车送我去，你也可以坐我爸爸的车去。

STEP 4 日本語→中国語

① 明日、クラスの集まりがあるのですが、田中くんは必ず行くでしょう。② 鈴木さんは最近忙しいので、行くとは限らないでしょう。③ 集まりがあるレストランの近くには地下鉄がなく、とても不便です。④ そこに行くには車（で行くの）が最も便利です。⑤ 天気予報によると明日の夜は雨が降るそうなので、父が運転して私を送ってくれるでしょうから、あなたも父の車に乗って行ってもいいですよ。

UNIT 17

UNIT 18

01 実現・完了の"了₁" 🔊160

今回は「～した」という動作の実現・完了について学びます。実現・完了を表すには助詞 "了 le" を使います。まずは肯定形から見ていきましょう。

①目的語がない場合：主語＋動詞＋"了"

我 喝 了。
Wǒ hē le.

她 买 了。
Tā mǎi le.

他 去 了。
Tā qù le.

②目的語に飾りがない場合：主語＋動詞＋目的語＋"了"

我 喝 咖啡 了。
Wǒ hē kāfēi le.

她 买 毛衣 了。
Tā mǎi máoyī le.

他 去 中国 了。
Tā qù Zhōngguó le.

③目的語に飾りがある場合：主語＋動詞＋"了"＋数詞＋量詞＋目的語

我 喝了 一 杯 咖啡。
Wǒ hēle yì bēi kāfēi.

她 买了 两 件 毛衣。
Tā mǎile liǎng jiàn máoyī.

我 看了 今天 的《新闻联播》。
Wǒ kànle jīntiān de 《Xīnwén liánbō》.

他 吃了 很 多 饺子。
Tā chīle hěn duō jiǎozi.

④ 目的語に飾りがない場合は、言い切りにならないのでさらに文を続ける

我 喝了 咖啡，就 去 学校。
Wǒ hēle kāfēi, jiù qù xuéxiào.

我 爸爸 下了 班，就 回 家。
Wǒ bàba xiàle bān, jiù huí jiā.

単語 Check 🔊159

□ 毛衣 máoyī（セーター）
□ 就 jiù（すぐに）
□ 下班 xià//bān（退勤する）
□ 春天 chūntiān（春）
□ 女儿 nǚ'ér（娘）
□ 已经 yǐjīng（もうすでに）

□②と③はどちらも目的語がありますが、"了"の位置に注意しましょう。②のように目的語に飾りがなく（裸の目的語とも言う）、文を終わらせたい場合は、文末に"了"を置きます。③のように目的語に数量詞や修飾語がある場合は、動詞のすぐ後に"了"を置きます。

□④は「～したら…する」という未来完了になります。つまり実現・完了を表す"了"というのは過去のことのみを表すのではなく、時間から自由であることが分かります。

● 「～しなかった」、「～していない」という否定は、"没（有）"を使い、否定すると"了"は消えます。

我 没（有）喝 咖啡。
Wǒ méi(you) hē kāfēi.

他 没（有）去 中国。
Tā méi(you) qù Zhōngguó.

我 还 没（有）看 今天 的《新闻联播》。
Wǒ hái méi(you) kàn jīntiān de《Xīnwén liánbō》.

● 疑問文は"吗"疑問文、反復疑問文、疑問詞疑問文があります。

你 看了 今天 的《新闻联播》吗？
Nǐ kànle jīntiān de《Xīnwén liánbō》ma?

你 看了 今天 的《新闻联播》没有？
Nǐ kànle jīntiān de《Xīnwén liánbō》méiyǒu?

你 喝了 几 杯 咖啡？
Nǐ hēle jǐ bēi kāfēi?

02 変化・継続の"了₂"　　　🔊161

"了"にはもう一つ、文全体にかかって「変化や新たな事態の発生を確認」したり、「状況の変化に気づく」といった話し手の気持ちを表す働きもあります。継続を表す"了₂"については UNIT19 で学びます。

春天 了, 天气 也 暖和 了。
Chūntiān le, tiānqì yě nuǎnhuo le.

十二 点 半 了, 咱们 去 吃 午饭 吧。
Shí'èr diǎn bàn le, zánmen qù chī wǔfàn ba.

我 女儿 已经 是 高中生 了。
Wǒ nǚ'ér yǐjīng shì gāozhōngshēng le.

我 今年 十七 岁 了。
Wǒ jīnnián shíqī suì le.

Check　次の語句を正しい語順に並べ替えてみよう

1. 高中生 / 你孩子 / 是 / 了 / 吗 /？

2. 买 / 他 / 了 / 衣服 / 两件 /。

3. 红茶 / 我 / 喝 / 了 /。

4. 了 / 我 / 就 / 吃 / 饭 / 走 /。

言ってみよう

▶数字が書いてあるものには適切な量詞を入れ、"了"の位置に注意して、何を買ったか言ってみよう

你买什么了？
我买_____。

> 水果
> shuǐguǒ
>
> 五（ ）苹果
> 　　　　píngguǒ
>
> 衣服
> yīfu
>
> 一（ ）裤子
> 　　　　kùzi
>
> 两（ ）衬衫
> 　　　　chènshān
>
> 中文书
> Zhōngwénshū
>
> 三（ ）杂志
> 　　　　zázhì
>
> 一（ ）自行车
> 　　　　zìxíngchē
>
> 手机
> shǒujī

訳してみよう

1. 学生たちは午前中にサッカーをしました。

2. 田中さんは今日学校に来ませんでした。

3. 私は家に帰ったらすぐ宿題をします。

4. 鈴木さんは授業が終わったらすぐ家に帰りました。

5. お祖父さんは体の具合が良くなりましたか。

音読にチャレンジ

STEP 1 中国語 + ピンイン

①我 妹妹 今年 十六 岁, 是 高中生 了。 ②她 很 喜欢 吃 甜食, 她 最
Wǒ mèimei jīnnián shíliù suì, shì gāozhōngshēng le.　Tā hěn xǐhuan chī tiánshí, tā zuì

喜欢 吃 奶油 蛋糕 和 巧克力。 ③她 上了 高中 以后, 每 天 都 吃 很 多
xǐhuan chī nǎiyóu dàngāo hé qiǎokèlì.　Tā shàngle gāozhōng yǐhòu, měi tiān dōu chī hěn duō

巧克力。 ④所以, 她 最近 胖 了。 ⑤妹妹 说 她 得 减肥, 每 天 都 要 去
qiǎokèlì.　Suǒyǐ, tā zuìjìn pàng le.　Mèimei shuō tā děi jiǎnféi, měi tiān dōu yào qù

运动。 ⑥妹妹 从 昨天 开始 跑步 了。
yùndòng.　Mèimei cóng zuótiān kāishǐ pǎobù le.

STEP 2 ピンイン

① Wǒ mèimei jīnnián shíliù suì, shì gāozhōngshēng le. ② Tā hěn xǐhuan chī tiánshí, tā zuì xǐhuan chī nǎiyóu dàngāo hé qiǎokèlì. ③ Tā shàngle gāozhōng yǐhòu, měi tiān dōu chī hěn duō qiǎokèlì. ④ Suǒyǐ, tā zuìjìn pàng le. ⑤ Mèimei shuō tā děi jiǎnféi, měi tiān dōu yào qù yùndòng. ⑥ Mèimei cóng zuótiān kāishǐ pǎobù le.

STEP 3 中国語

①我妹妹今年十六岁,是高中生了。②她很喜欢吃甜食,她最喜欢吃奶油蛋糕和巧克力。③她上了高中以后,每天都吃很多巧克力。④所以,她最近胖了。⑤妹妹说她得减肥,每天都要去运动。⑥妹妹从昨天开始跑步了。

STEP 4 日本語→中国語

①私の妹は今年16歳で、高校生になりました。②妹は甘いものが好きで、生クリームのケーキとチョコレートが一番好きです。③妹は高校に進学してから、毎日チョコレートをたくさん食べています。④だから妹は最近太りました。⑤妹はダイエットをして、毎日運動をしに行かなければならないと言います。⑥妹は昨日からジョギングを始めました。

UNIT 19

01 "了"と時量　　　　　　　　　　　　　　　🔊164

UNIT14で時量を学びましたが、ここでは"了"と時量の関係を見ていきましょう。

単語Check 🔊163

☐ 住 zhù（住む）

☐ 奶奶 nǎinai（「父方の」おばあさん）

☐ 死 sǐ（死ぬ）

①実現・完了の"了₁"だけの場合

我 学了 一 年 汉语。（私は1年間中国語を勉強しました。）
Wǒ xuéle yì nián Hànyǔ.

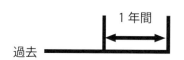

上の図から分かるように動詞の後につく実現・完了の"了₁"は、過去における1年間だけ中国語を学び、今は学んでいないという意味になります。

小王 在 京都 住了 四 年。
Xiǎo-Wáng zài Jīngdū zhùle sì nián.

（王くんは京都に4年間住んでいました。→今はもう住んでない）

我 等了 铃木 半 个 小时。
Wǒ děngle Língmù bàn ge xiǎoshí.

（私は鈴木さんを30分待ちました。→今はもう待っていない）

②実現・完了の"了₁"＋継続の"了₂"

我 学了 一 年 汉语 了。
Wǒ xuéle yì nián Hànyǔ le.
（私は1年間中国語を勉強しています。→今も勉強している）

　上の図から分かるように動詞の後につく実現・完了の"了₁"と文末につく継続の"了₂"の2つがあると、1年前から中国語を勉強し始めて、現在も勉強していて、今後も勉強するという意味になります。
　この場合、実現・完了の"了₁"は省略することが可能で、"我学一年汉语了。"としてもかまいません。

小王 在 京都 住（了）四年 了。
Xiǎo-Wáng zài Jīngdū zhù(le) sì nián le.

（王くんは京都に住んで4年になります。→今も住んでいる）

我 等（了）铃木 半 个 小时 了。
Wǒ děng(le) Língmù bàn ge xiǎoshí le.

（私は鈴木さんを30分待っています。→今も待っている）

　上記の例文で使った動詞"学、住、等"は持続可能な動詞ですが、持続できない（瞬間的に終わってしまう）動作の場合は、その動作・行為が終わってからどれくらいの時間が経過したかを表します。経過した時量は目的語の有無に関わらず、一般的に最後に置きます。

李 老师 来了 日本 两 年 了。
Lǐ lǎoshī láile Rìběn liǎng nián le.

我 奶奶 死了 一 年 了。
Wǒ nǎinai sǐle yì nián le.

Check 次の語句を正しい語順に並べ替えよう

1. 他 / 住 / 了 / 了 / 在 / 上海 / 两年多 /。
2. 学 / 了 / 了 / 你 / 几年 / 汉语 /？
3. 我 / 学 / 了 / 了 / 一年半 / 汉语 /。
4. 我 / 一年 / 学 / 英语 / 了 /。

💬 言ってみよう

▶次の質問に答えてみよう

1. 你学了几年英语了？
   Nǐ xuéle jǐ nián Yīngyǔ le?

2. 你学了几年汉语了？
   Nǐ xuéle jǐ nián Hànyǔ le?

3. 你每天学几个小时？
   Nǐ měi tiān xué jǐ ge xiǎoshí?

4. 你昨天看了几个小时电视？
   Nǐ zuótiān kànle jǐ ge xiǎoshí diànshì?

5. 你每天睡几个小时？
   Nǐ měi tiān shuì jǐ ge xiǎoshí?

🅰 訳してみよう

1. 私は１時間ゲームで遊びました。

2. 兄が上海に行って２ヶ月になります。

3. あなたはここに何年住んでいますか。

4. 私は今日30分自転車に乗りました。

5. 山田さんはもう５時間余り勉強しています。

音読にチャレンジ

STEP 1 中国語＋ピンイン

①妹妹 昨天 在 健身房 锻炼了 三 个 小时。②回 家 后，她 很 高兴。
Mèimei zuótiān zài jiànshēnfáng duànliànle sān ge xiǎoshí. Huí jiā hòu, tā hěn gāoxìng.

③她 说 锻炼了 三 个 小时，她 的 体重 减少了 一 公斤。④可是，晚上
Tā shuō duànliànle sān ge xiǎoshí, tā de tǐzhòng jiǎnshǎole yì gōngjīn. Kěshì, wǎnshang

她 觉得 非常 饿，所以 吃了 三 个 面包，又 喝了 两 杯 牛奶。⑤你们 说，
tā juéde fēicháng è, suǒyǐ chīle sān ge miànbāo, yòu hēle liǎng bēi niúnǎi. Nǐmen shuō,

妹妹 这样 真 的 能 减肥 吗？
mèimei zhèyàng zhēn de néng jiǎnféi ma?

STEP 2 ピンイン

①Mèimei zuótiān zài jiànshēnfáng duànliànle sān ge xiǎoshí. ②Huí jiā hòu, tā hěn gāoxìng. ③Tā shuō duànliànle sān ge xiǎoshí, tā de tǐzhòng jiǎnshǎole yì gōngjīn. ④Kěshì, wǎnshang tā juéde fēicháng è, suǒyǐ chīle sān ge miànbāo, yòu hēle liǎng bēi niúnǎi. ⑤Nǐmen shuō, mèimei zhèyàng zhēn de néng jiǎnféi ma?

STEP 3 中国語

①妹妹昨天在健身房锻炼了三个小时。②回家后，她很高兴。③她说锻炼了三个小时，她的体重减少了一公斤。④可是，晚上她觉得非常饿，所以吃了三个面包，又喝了两杯牛奶。⑤你们说，妹妹这样真的能减肥吗？

STEP 4 日本語→中国語

①妹は昨日ジムで３時間トレーニングをしました。②家に帰ってきたら彼女はうれしそうでした。③３時間トレーニングをしたら、体重が１キロ減ったと言いました。④しかし夜、彼女は非常にお腹がすいたので、パンを３つ食べ、牛乳を２杯飲みました。⑤皆さん、妹はこんなふうで本当にダイエットできると思いますか？

UNIT 20

01 "是～的" 構文 🔊 167

すでに完了・実現した行為について、【いつ・どこで・どこから・誰とどうやって】などについて質問したり、説明したりする場合には、"是～的"構文を使います。

肯定文、疑問文は"是"を省略できますが、否定文は"不是～的"となり、"是"は省略できません。

目的語がある場合は、一般的に"的"の後ろに置きます。

| 主語＋"是"＋ | 什么时候 shénme shíhou（いつ）
在哪儿 zài nǎr（どこで）
从哪儿 cóng nǎr（どこから）
跟谁 gēn shéi（誰と）
怎么 zěnme（どうやって） | ＋動詞＋"的"＋目的語 |

但し、代名詞が目的語の場合は、"的"の後ろに置くことができず、"我昨天告诉她的。Wǒ zuótiān gàosu tā de."（私は昨日彼女に知らせたのです。）となります。

王 老师 来 日本 了。
Wáng lǎoshī lái Rìběn le.

（王先生は日本に来ました。）←実現済のこと

質問：王 老师 是 <u>什么 时候</u> 来 的 日本？
Wáng lǎoshī shì shénme shíhou lái de Rìběn?

答え：她 去年 夏天 来 的 日本。
Tā qùnián xiàtiān lái de Rìběn.

質問：王 老师 是 <u>跟 谁</u> 一起 来 的 日本？
Wáng lǎoshī shì gēn shéi yìqǐ lái de Rìběn?

答え：她 一 个 人 来 的 日本。
Tā yí ge rén lái de Rìběn.

単語Check 🔊 166

☐ 告诉 gàosu
　（告げる、言う）
☐ 夏天 xiàtiān（夏）
☐ 跟 gēn（〜と）
☐ 飞机 fēijī（飛行機）

☐ "的"と目的語の位置は入れ替えることができ、「〜動詞＋目的語＋"的"」の順番にすることもできます。

質問：王 老师 是 <u>怎么</u> 来 的 日本？
Wáng lǎoshī shì zěnme lái de Rìběn?

答え：她 坐 飞机 来 的 日本。
Tā zuò fēijī lái de Rìběn.

質問：王 老师 是 <u>从 哪儿</u> 来 的 日本？
Wáng lǎoshī shì cóng nǎr lái de Rìběn?

答え：她 从 上海 来 的 日本。
Tā cóng Shànghǎi lái de Rìběn.

Check 次の語句を正しい語順に並べ替えてみよう

1. 在 / 你 / 的 / 哪儿 / 汉语 / 学 /？
2. 这件 / 商店 / 在 / 买 / 的 / 毛衣 /。
3. 坐 / 地铁 / 我 / 是 / 来 / 的 / 大学 /。
4. 是 / 我 / 的 / 今天 / 到 / 北京 /。

💬 言ってみよう

▶どうやって行ったのか言ってみよう

我今天_____去的。

> 骑自行车 qí zìxíngchē
> 坐地铁 zuò dìtiě
> 坐公交车 zuò gōngjiāochē
> 开车 kāichē

▶どこで買ったか言ってみよう

你在哪儿买的？　Nǐ zǎi nǎr mǎi de?

我在_____买的。

> 超市 chāoshì
> 便利店 biànlìdiàn
> 上海 Shànghǎi
> 车站附近的商店 chēzhàn fùjìn de shāngdiàn

🅰 訳してみよう

1. これらの写真はいつ撮ったのですか。

2. 私は地下鉄で来たのではありません。

3. あなたの携帯電話はどこで買ったのですか。

4. 彼らは去年の８月に北京に着いたのです。

5. 王さんは昨日私に知らせてくれたのです。

音読にチャレンジ

🔊 168

STEP 1 中国語 + ピンイン

①我暑假去富士山了。
Wǒ shǔjià qù Fùshìshān le.

②我是和妈妈一起去的，我们是开车去的。
Wǒ shì hé māma yìqǐ qù de, wǒmen shì kāichē qù de.

③妈妈不会开车，这次去富士山是我开的车，
Māma bú huì kāichē, zhèi cì qù Fùshìshān shì wǒ kāi de chē,

④从我家开车去花了五个小时。
cóng wǒ jiā kāichē qù huāle wǔ ge xiǎoshí.

⑤富士山很漂亮。⑥我以后还想去爬富士山。
Fùshìshān hěn piàoliang. Wǒ yǐhòu hái xiǎng qù pá Fùshìshān.

⑦但下次我不想开车去了，因为开车太累了。
Dàn xià cì wǒ bù xiǎng kāichē qù le, yīnwèi kāichē tài lèi le.

⑧我想坐新干线去。
Wǒ xiǎng zuò xīngànxiàn qù.

STEP 2 日本語

①私は夏休みに富士山に行きました。②私は母と一緒に行き、車を運転して行きました。③母は運転ができないので、今回の富士山行きは私が運転し、④家から運転して行くと5時間かかりました。⑤富士山はきれいでした。⑥私はこれからも富士山に登りたいです。⑦でも次回は車を運転して行きたくはないです、というのは車を運転するのはとても疲れるからです。⑧私は新幹線に乗って行きたいです。

UNIT 21

01 存現文　　　　　　　　　　　　　　🔊 170

存現文は存在現象文の略称です。ある場所や時間における人やモノの存在、出現、消失を表す文です。語順は以下のように主語の位置に場所や時間を表す語がきますが、訳した時に「…が」にあたる語（意味の上での主語）は動詞の後に置かれ、数量詞や"了"などがつきます。

《場所・時間》＋動詞＋〈その他の成分（数量詞や"了"等）〉＋人・モノ

単語 Check 🔊 169

- □ 留学生 liúxuéshēng（留学生）
- □ 客人 kèren（客）
- □ 书架 shūjià（本棚）
- □ 玻璃缸 bōligāng（水槽）
- □ 金鱼 jīnyú（金魚）
- □ 职员 zhíyuán（職員）
- □ 下雪 xià xuě（雪が降る）
- □ 打雷 dǎ léi（雷が鳴る）
- □ 刮风 guā fēng（風が吹く）
- □ 出 chū（出る）
- □ 太阳 tàiyang（太陽）

《存在》

UNIT09 で学んだ「存在の"有"」ですね。その他の存在を表す存現文についてはUNIT25で学びます。

桌子　上　有　一　本　书。
Zhuōzi shang yǒu yì běn shū.

车站　旁边　有　一　家　银行。
Chēzhàn pángbiān yǒu yì jiā yínháng.

去年　有　三十　个　留学生。
Qùnián yǒu sānshí ge liúxuéshēng.

《出現》

前面　来了　一　辆　自行车。
Qiánmiàn láile yí liàng zìxíngchē.

我们　班　里　来了　一　个　留学生。
Wǒmen bān li láile yí ge liúxuéshēng.

昨天　晚上　来了　一　个　客人。
Zuótiān wǎnshang láile yí ge kèren.

《消失》

书架　上　少了　一　本　词典。
Shūjià shang shǎole yì běn cídiǎn.

玻璃缸　里　死了　两　条　金鱼。
Bōligāng li sǐle liǎng tiáo jīnyú.

公司　里　走了　三　个　职员。
Gōngsī li zǒule sān ge zhíyuán.

□ 《出現》、《消失》を表す文では、動詞の後に「そうなった」という意味を表す完了・実現の"了"（UNIT18）がよくつきます。また存現文は存在、出現、消失した状態を描写するので、否定形はありません。

02 自然現象 🔊171

「雨が降る」、「雷が鳴る」などの自然現象を表す文は、中国語では動詞の後、つまり目的語の位置に"雨"や"雷"が置かれます。

下雨了。
Xià yǔ le.

下雪了。
Xià xuě le.

打雷了。
Dǎ léi le.

刮风了
Guā fēng le.

出太阳了。
Chū tàiyang le.

言ってみよう

▶量詞に注意しながら "床 chuáng"（ベッド）の上に何が存在するか言ってみよう

床上有_____。

一本（　　　　）
一封（　　　　）
一张（　　　　）
一件（　　　　）
一条（　　　　）
一双（　　　　）
一只（　　　　）

訳してみよう

1. 道にたくさんの人がいます。

2. 東京で昨日の夜中地震が発生しました。　※发生 fāshēng（発生する）、地震 dìzhèn（地震）

3. 後から一台の車が来ました。

4. 隣の家で犬が一匹死にました。

5. 学校に新しい先生が一人いらっしゃいました。

音読にチャレンジ

STEP 1 中国語＋ピンイン

① 小王的家在北京。
Xiǎo-Wáng de jiā zài Běijīng.

② 北京春天很暖和，经常刮大风。
Běijīng chūntiān hěn nuǎnhuo, jīngcháng guā dàfēng.

③ 夏天很热，七月经常下雨。
Xiàtiān hěn rè, qīyuè jīngcháng xià yǔ.

④ 冬天非常冷，但是不经常下雪。
Dōngtiān fēicháng lěng, dànshì bù jīngcháng xià xuě.

⑤ 北京最好的季节是秋天。
Běijīng zuì hǎo de jìjié shì qiūtiān.

⑥ 秋天没有风沙，天很蓝，空气也很好。
Qiūtiān méiyǒu fēngshā, tiān hěn lán, kōngqì yě hěn hǎo.

⑦ 北京香山的红叶也非常漂亮。
Běijīng Xiāngshān de hóngyè yě fēicháng piàoliang.

STEP 2 日本語

① 王さんの家は北京にあります。② 北京は春が暖かいのですが、よく強い風が吹きます。③ 夏は暑く、7月はよく雨が降ります。④ 冬は非常に寒いですが、雪はめったに降りません。⑤ 北京の最も良い季節は秋です。⑥ 秋は砂まじりの風がなく、空は青く、空気も良いです。⑦ 北京の香山の紅葉も非常にきれいです。

UNIT 22

01 二重目的語を取る動詞

これまで学んできた動詞はみな目的語を1つしか取れませんでしたが、動詞の中には2つ目的語を取れるものがあります。2つの目的語は動詞に近いほうから「人→モノ・情報」の順番に並べます。2つの目的語を取れる動詞は、モノや情報のやり取りの意味を持つものが多いです。

	目的語I	目的語II
主語＋動詞＋	人（〜に）	＋モノ・情報（〜を）

単語＋ 二重目的語を取る動詞　　　　🔊 174

教 jiāo　　（知識または技術を）教える
送 sòng　　贈る、プレゼントする
给 gěi　　与える、やる、くれる
问 wèn　　（分からないことを）問う、尋ねる、質問する
告诉 gàosu　（情報などを）告げる、知らせる、教える

🔊 175

王 老师 教 我们 汉语。
Wáng lǎoshī jiāo wǒmen Hànyǔ.

我 想 送 她 生日 礼物。
Wǒ xiǎng sòng tā shēngrì lǐwù.

他 给了 我 两 张 电影票。
Tā gěile wǒ liǎng zhāng diànyǐngpiào.

我 问了 老师 很 多 问题。
Wǒ wènle lǎoshī hěn duō wèntí.

她 没 告诉 我 她 的 手机号。
Tā méi gàosu wǒ tā de shǒujīhào.

単語 Check 🔊 173

☐ 生日 shēngrì
（誕生日）
☐ 电影票 diànyǐngpiào
（映画のチケット）
☐ 问题 wèntí
（問題、質問）
☐ 手机号 shǒujīhào
（携帯電話の番号）
☐ 电话 diànhuà（電話）
☐ 结婚 jié//hūn
（結婚する）

☐ 左記の例文は「〜に…を」と2つ目的語がありますが、どちらか一方だけを目的語に取ることもできます。

Check （　）に「二重目的語を取る動詞」の中から適切な動詞を書き入れよう

1. 他（　　　）小张日语。

2. 我（　　　）了她一个生日礼物。

3. 我（　　　）你一个好消息。

02 介詞 "给/跟" 🔊176

介詞 " 给 gěi" は「…に、…のために」と動作の対象である受け手を導きます。

介詞 " 跟 gēn" は「…と」と一緒に動作をする相手を導き、副詞の " **一起** yìqǐ"（一緒に）と組み合わせることが多いです。

介詞フレーズは述語の前が指定席です。

晚上 我 给 你 打 电话。
Wǎnshang wǒ gěi nǐ dǎ diànhuà.

妈妈 给 我 买了 一 个 生日 蛋糕。
Māma gěi wǒ mǎile yí ge shēngrì dàngāo.

星期天 我 跟 她 一起 去 看 电影。
Xīngqītiān wǒ gēn tā yìqǐ qù kàn diànyǐng.

我 要 跟 他 结婚。
Wǒ yào gēn tā jiéhūn.

Check （ ）に適切な介詞を書き入れよう

1. 我（　　　）他一起去看电影。

2. 我（　　　）你打电话。

3. 他（　　　）我买了一个礼物。

💬 言ってみよう

▶下記の単語を組み合わせて、二重目的語を取る動詞の文を作ってみよう

主語　　＋　　動詞　　＋　目的語（人）　＋　目的語（モノ・情報）

我	教	我	汉语　英语
同学	送	你	词典　杂志
老师	给	同学	电脑　问题
哥哥	问	老师	手机号　微信号
	告诉		生日礼物

▶声に出して言ってみよう

我给她＿＿＿＿＿。　　　　　　　我跟朋友＿＿＿＿＿。

写信 xiě xìn（手紙を書く）
打电话 dǎ diànhuà（電話をかける）
发电邮 fā diànyóu（電子メールを出す）
倒可乐 dào kělè（コーラをつぐ）
买礼物 mǎi lǐwù（プレゼントを買う）

聊天儿 liáotiānr（おしゃべりする）
商量 shāngliang（相談する）
见面 jiànmiàn（会う）
打招呼 dǎ zhāohu（あいさつをする）
一起买东西 yìqǐ mǎi dōngxi
　（一緒に買い物する）

🅰 訳してみよう

1. 昨日あなたは誰と一緒に行ったのですか。

2. どの先生があなたたちに英語を教えているのですか。

3. このことは誰があなたに知らせたのですか。

4. あなたは彼女に電話をしましたか。

5. 先生は私に1冊辞書をくださいました。

音読にチャレンジ

STEP 1 中国語 + ピンイン

①我非常喜欢学习汉语。
　Wǒ fēicháng xǐhuan xuéxí Hànyǔ.

②王老师现在教我们汉语。
　Wáng lǎoshī xiànzài jiāo wǒmen Hànyǔ.

③我们跟王老师学习汉语已经学了一年半了。
　Wǒmen gēn Wáng lǎoshī xuéxí Hànyǔ yǐjīng xuéle yì nián bàn le.

④王老师人很好，同学们都很喜欢她。
　Wáng lǎoshī rén hěn hǎo, tóngxuémen dōu hěn xǐhuan tā.

⑤上个星期一是我的生日，
　Shàng ge xīngqīyī shì wǒ de shēngrì,

⑥王老师给我买了一个生日礼物，
　Wáng lǎoshī gěi wǒ mǎile yí ge shēngrì lǐwù,

⑦是一本汉语漫画。我特别喜欢。
　shì yì běn Hànyǔ mànhuà. Wǒ tèbié xǐhuan.

STEP 2 日本語

①私は中国語を勉強するのが非常に好きです。②王先生が今、私たちに中国語を教えてくださっています。③私たちは王先生について中国語を学んでもう1年半になりました。④王先生は良い方で、学生たちはみな彼女が大好きです。⑤先週の月曜日は私の誕生日で、⑥王先生は私に誕生日プレゼントを買ってくださったのですが、⑦中国語の漫画でした。私はとても気に入りました。

UNIT 23

01 動作の回数　🔊 179

中国語では動作の回数は動詞の後に置きます。動作の回数を表すには動量詞が必要で、以下のようなものがあります。

次 cì　〜回、〜度　　　動作の回数を数える。

遍 biàn　〜回、〜度、〜遍　動作の開始から終了までの全過程を数える。場所を表す目的語がある動詞の後には用いることができない（×去一遍上海）。

趟 tàng　〜回、〜度　　　行ったり来たりする往復の回数を数える。

単語Check 🔊 178
- □ 考 kǎo（試験する）
- □ 托福 Tuōfú（TOEFL）
- □ 课文 kèwén（教科書の本文）
- □ 再 zài（もう一度）
- □ 爬 pá（登る、這う）
- □ 曾经 céngjīng（かつて、以前）
- □ 俄语 Éyǔ（ロシア語）
- □ 韩国 Hánguó（韩国）
- □ 従来 cónglái（これまで）

我 考 了 两 次 托福 考试。
Wǒ kǎole liǎng cì Tuōfú kǎoshì.

我 每 天 念 三 遍 课文。
Wǒ měi tiān niàn sān biàn kèwén.

我 下午 再 去 一 趟 超市。
Wǒ xiàwǔ zài qù yí tàng chāoshì.

一定の期間内にある動作を何回行うという時には、時間の長さである時量が前にきます。

我 哥哥 一 个 星期 看 两 次 电影。
Wǒ gēge yí ge xīngqī kàn liǎng cì diànyǐng.

Check　日本語に合うように適切な動量詞を選んでみよう

1. もう一度言ってください。　　　　　　请您再说一［次 / 遍 / 趟］。
2. 夏休みに私は一度実家に帰りました。　暑假我回了一［次 / 遍 / 趟］老家。
3. あなたは何回北京ダックを食べたことがありますか。　你吃过几［次 / 遍 / 趟］北京烤鸭?
4. みなさん、本文を通して一度読みましょう。　同学们，念一［次 / 遍 / 趟］课文吧。

02 経験の"过" 🔊180

「～したことがある」と過去における経験を表すには、動詞のすぐ後に"过"をつけます。この"过"は軽声で読みます。

● 肯定文は、主語＋動詞＋"过"＋目的語

我 看过 中国 电影。
Wǒ kànguo Zhōngguó diànyǐng.

我 哥哥 爬过 两 次 富士山。
Wǒ gēge págguo liǎng cì Fùshìshān.

小李 曾经 学过 俄语。
Xiǎo-Lǐ céngjīng xuéguo Éyǔ.

● 否定文は、動詞の前に否定を表す副詞"没（有）"を置きます。否定しても動詞の後の"过"はつけたままです。

主語＋"没（有）"＋動詞＋"过"＋目的語

他 没（有）去过 韩国。
Tā méi(you) qùguo Hánguó.

我 妹妹 还 没（有）坐过 飞机 呢。
Wǒ mèimei hái méi(you) zuòguo fēijī ne.

我 从来 没（有）喝过 酒 呢。
Wǒ cónglái méi(you) hēguo jiǔ ne.

● 疑問文　主語＋動詞＋"过"＋目的語＋"吗"？
　　　　　主語＋動詞＋"过"＋目的語＋"没有"？

你 听过 中国歌 吗？
Nǐ tīngguo Zhōngguógē ma?

这 本 小说 你 看过 没有？
Zhèi běn xiǎoshuō nǐ kànguo méiyou?

你 去过 几 次 迪士尼 乐园？
Nǐ qùguo jǐ cì Díshìní lèyuán?

□ 肯定文では副詞"曾经 céngjīng"（以前、かつて）がつくことがあります。

□ 否定文では、「"还"＋"没（有）"＋動詞＋"过"＋目的語＋"呢"」（まだ～したことがない）、「"从来 cónglái"＋"没（有）"＋動詞＋"过"＋目的語＋"呢"」（これまで～したことがない）という形もよく使われます。

UNIT 23

Check 次の質問に答えてみよう

1. 你看过《三国演义》吗？

2. 你去过东京迪士尼乐园吗？

3. 你去过几次东京？

4. 你吃过中国菜吗？

言ってみよう

▶下記の動作をやったことがあるか、ないかを言ってみよう。
やったことがある場合は何回やったかも言ってみよう

看
- 美国电影 Měiguó diànyǐng（アメリカ映画）
- 英文小说 Yīngwén xiǎoshuō（英語の小説）
- 中文报 Zhōngwénbào（中国語の新聞）
- 熊猫 xióngmāo（パンダ）

吃
- 俄罗斯菜 Éluósīcài（ロシア料理）
- 水饺 shuǐjiǎo（水餃子）
- 比萨饼 bǐsàbǐng（ピザ）
- 章鱼小丸子 zhāngyú xiǎowánzi（たこ焼き）

去
- 卡拉OK kǎlāOK（カラオケ）
- 环球影城 Huánqiú yǐngchéng（USJ）
- 北海道 Běihǎidào（北海道）
- 冲绳 Chōngshéng（沖縄）

訳してみよう

1. 彼はまだ刺身を食べたことがありません。　※生鱼片 shēngyúpiàn（刺身）

2. あなたは富士山に登ったことがありますか。

3. 私はこれまでに3回富士山に登ったことがあります。

4. 私たちはこれまで彼女が作った料理を味わったことがありません。

5. 彼は船に乗って上海に行ったことがあります。

音読にチャレンジ

STEP 1 中国語 + ピンイン

① 我去过两次中国。
Wǒ qùguo liǎng cì Zhōngguó.

② 我去的地方是北京和上海。
Wǒ qù de dìfang shì Běijīng hé Shànghǎi.

③ 在北京我吃了一次北京烤鸭，
Zài Běijīng wǒ chīle yí cì Běijīng kǎoyā,

④ 在上海我吃了两次小笼包。
zài Shànghǎi wǒ chīle liǎng cì xiǎolóngbāo.

⑤ 听说，北京的涮羊肉也很好吃，
Tīngshuō, Běijīng de shuànyángròu yě hěn hǎochī,

⑥ 我还没有吃过。
wǒ hái méiyou chīguo.

⑦ 我打算下次去北京的时候尝一尝。
Wǒ dǎsuàn xià cì qù Běijīng de shíhou cháng yi cháng.

STEP 2 日本語

① 私は中国に2回行ったことがあります。② 私が行ったのは北京と上海です。③ 北京では北京ダックを1回食べ、④ 上海では小籠包を2回食べました。⑤ 聞くところによると、北京の羊肉のしゃぶしゃぶもおいしいそうですが、⑥ 私はまだ食べたことがありません。⑦ 私は今度北京に行ったときに味わってみるつもりです。

UNIT 24

01 進行 .... 🔊183

「～している」と進行を表すには副詞の"正、在、正在"と文末に置く助詞の"呢"で動詞と目的語を挟み込みます。"正"は「いま、まさに」という時間に、"在"は「～している」という状態にポイントがあります。"呢"は話し言葉でよく使われます。

	"正"		
主語＋	"在"	＋【動詞＋目的語】＋	"呢"
	"正在"		

単語Check 🔊182
- 喂 wéi（もしもし）
- 干 gàn（する）
- 作业 zuòyè（宿題）
- 咖啡馆 kāfēiguǎn（カフェ）

この3つのパーツは基本的にどれを使ってもOKです。例えば、「彼らは中国語の授業中です。」は以下のように7種類の文ができます。

他们<u>正</u>　上汉语课。　　　他们<u>正在</u>上汉语课。　　　他们<u>正在</u>上汉语课<u>呢</u>。
他们　<u>在</u>上汉语课。　　　他们　<u>在</u>上汉语课<u>呢</u>。
他们　　上汉语课<u>呢</u>。　　　他们<u>正</u>　上汉语课<u>呢</u>。

喂，小张，你 在 干 什么 呢？
Wéi, Xiǎo-Zhāng, nǐ zài gàn shénme ne?

我 在 看 电视 呢。
Wǒ zài kàn diànshì ne.

我 在 写 作业 呢。
Wǒ zài xiě zuòyè ne.

●否定は"没（有）"を用い、否定すると"正/呢"は消えますが、"在"は残ることもあります。

你 在 打扫 房间 吗？
Nǐ zài dǎsǎo fángjiān ma?

没有，我 没 在 打扫，在 做 菜 呢。
Méiyou, wǒ méi zài dǎsǎo, zài zuò cài ne.

ある場所で何かをしているという場合、"在"は介詞「…で」としての役目が優先されるため、進行は"正/呢"で表します。

山田 他们 正 在 咖啡馆 喝 咖啡 呢。
Shāntián tāmen zhèng zài kāfēiguǎn hē kāfēi ne.

Check 次の中国語を進行表現に書き換えてみよう

1. 我看书。

2. 我喝咖啡。

3. 我在图书馆写作业。

02 "在"のまとめ 🔊184

ここで"在"のまとめをしておきます。"在"は働き者でUNIT10では所在を表す動詞の"在"と場所を導く介詞の"在"を、この課では進行を表す副詞の"在"を学びました。

3つの"在"の文中での位置をしっかりと確認しておきましょう。

●動詞の"在"：人・モノ＋"在"＋場所（〜ある、いる）

小李 在 图书馆。
Xiǎo-Lǐ zài túshūguǎn.

你 的 手机 在 那儿。
Nǐ de shǒujī zài nàr.

●介詞の"在"：主語＋"在"＋場所＋動詞＋目的語（〜で）

小李 在 图书馆 看 书。
Xiǎo-Lǐ zài túshūguǎn kàn shū.

他 在 哪儿 打工？
Tā zài nǎr dǎgōng?

●副詞の"在"：主語＋"在"＋動詞＋目的語（〜しているところだ）

小李 在 看 书。
Xiǎo-Lǐ zài kàn shū.

他 在 打工。
Tā zài dǎgōng.

Check "在"の用法に注意しながら日本語に訳してみよう

1. 我在学校。

2. 我在学校学习。

3. 我在学韩语呢。

💬 言ってみよう

▶何をしているところか言ってみよう

你在做什么呢？　Nǐ zài zuò shénme ne?

　　　　　正
我　　在　_____ 呢。
　　　　正在

> 吃饭 chī fàn（食事をする）
> 写信 xiě xìn（手紙を書く）
> 复习今天的课 fùxí jīntiān de kè
> 　（今日の授業を復習する）
> 预习明天的课 yùxí míngtiān de kè
> 　（明日の授業を予習する）
> 看漫画 kàn mànhuà（漫画を読む）
> 玩儿游戏 wánr yóuxì（ゲームをする）

🅰 訳してみよう

1. 私はいま図書館で本を読んでいます。

2. 私はテレビを見ているところです。

3. 先生方はいま会議中です。　※开会 kāihuì（会議をする）

4. あなたはそこで誰を待っているのですか。

5. 彼女は部屋で寝ているところです。

音読にチャレンジ

STEP 1 中国語＋ピンイン

①周末我们去小王家玩儿了。
Zhōumò wǒmen qù Xiǎo-Wáng jiā wánr le.

②我们到他家的时候，他正在包饺子。
Wǒmen dào tā jiā de shíhou, tā zhèngzài bāo jiǎozi.

③小王说，日本的饺子是煎饺，他不太喜欢吃，
Xiǎo-Wáng shuō, Rìběn de jiǎozi shì jiānjiǎo, tā bú tài xǐhuan chī,

④中国人经常在家吃水饺。
Zhōngguórén jīngcháng zài jiā chī shuǐjiǎo.

⑤我还没吃过水饺。
Wǒ hái méi chīguo shuǐjiǎo.

⑥小王包的水饺很好吃，我吃了很多。
Xiǎo-Wáng bāo de shuǐjiǎo hěn hǎochī, wǒ chīle hěn duō.

⑦我打算跟小王学包饺子。
Wǒ dǎsuàn gēn Xiǎo-Wáng xué bāo jiǎozi.

STEP 2 日本語

①週末私たちは王さんの家に遊びに行きました。②私たちが王さんの家に着いた時、彼はちょうど餃子を作っているところでした。③王さんは、日本の餃子は焼餃子なので、あまり好きではなく、④中国人はいつも家では水餃子を食べると言いました。⑤私はまだ水餃子を食べたことがありません。⑥王さんが作った水餃子はおいしく、私はたくさん食べました。⑦私は王さんに餃子の作り方を学ぶつもりです。

UNIT 25

01 持続の"着" 🔊187

動作の持続は「動詞＋"着"」で表します。動詞のタイプによって以下の3グループに分けられます。否定は"没(有)"を使い、①は否定すると"着"は消えますが、②と③は残ったままです。疑問文は"吗"疑問文か、「動詞＋"着"＋"没有"」です。

①と③は UNIT24 で学んだ"正在…呢"と一緒に使うことができます。これは一定時間続く動作であれば、状態の持続と動作の進行の区別がつきにくいためです。

①動作そのものの持続を表す

★外面 下着 雨。
　Wàimiàn xiàzhe yǔ.

他们 一直 看着 电视剧 呢。
Tāmen yìzhí kànzhe diànshìjù ne.

★我 家 养着 一 只 狗 和 一 只 猫。
　Wǒ jiā yǎngzhe yì zhī gǒu hé yì zhī māo.

②動作後の状態を表す

動作自体は一瞬で終わりますが、その後の状態が続いているタイプです。

她 穿着 一 双 红 鞋。
Tā chuānzhe yì shuāng hóng xié.

这个 房间 的 空调 没（有）开着。
Zhèige fángjiān de kōngtiáo méi(you) kāizhe.

墙 上 贴着 很 多 照片。
Qiáng shang tiēzhe hěn duō zhàopiàn.

③身体動作を表す動詞

"坐 zuò（座る）"、"站 zhàn（立つ）"、"躺 tǎng（横たわる）"、"背 bēi（背負う）"など身体動作を表すものは①＋②の合体タイプです。

★屋子 里 坐着 很 多 人。
　Wūzi li zuòzhe hěn duō rén.

孩子们 都 背着 背包。
Háizimen dōu bēizhe bēibāo.

你 戴着 隐形 眼镜 呢 吗？
Nǐ dàizhe yǐnxíng yǎnjìng ne ma?

持続の"着"は UNIT21 で学んだ存現文でも使われます。上記の★印がついている例文は存現文です。存現文の語順、覚えていますか？

単語Check 🔊186

- 电视剧 diànshìjù（テレビドラマ）
- 养 yǎng（飼う）
- 狗 gǒu（犬）
- 猫 māo（猫）
- 穿 chuān（着る、はく）
- 红 hóng（赤い）
- 鞋 xié（靴）
- 空调 kōngtiáo（エアコン）
- 开 kāi（［電源を］つける）
- 墙 qiáng（壁）
- 贴 tiē（貼る）
- 照片 zhàopiàn（写真）
- 屋子 wūzi（部屋）
- 孩子 háizi（子供）
- 背 bēi（背負う）
- 背包 bēibāo（リュック）
- 戴 dài（身につける）
- 隐形眼镜 yǐnxíng yǎnjìng（コンタクトレンズ）
- 躺 tǎng（横になる）

存現文の語順

《場所・時間》＋動詞＋〈その他の成分（数量詞や"了"等）〉＋人・モノ

「動詞＋"着"」の形は、動詞"有"より詳しくどういった状態で存在しているかを表しています。

「動詞1＋"着"＋動詞2」の形で「～しながら…する」という動作の同時進行を表します。動詞1が動詞2の方式・手段となっています。

我 每 天 走着 去 学校。
Wǒ měi tiān zǒuzhe qù xuéxiào.

妹妹 听着 音乐 做 作业 呢。
Mèimei tīngzhe yīnyuè zuò zuòyè ne.

我 喜欢 躺着 看 书。
Wǒ xǐhuan tǎngzhe kàn shū.

02 "在"との違い

"他在穿衣服呢。Tā zài chuān yīfu ne." は「彼は服を着ているところ（最中）です。」という意味で、「着る」という動作が行われている瞬間を捉えています。一方、"他穿着黑毛衣。Tā chuānzhe hēi máoyī." は「彼は黒いセーターを着ています。」というように、「着る」という動作が終わった後の持続状態を表しています。つまり進行の"在"は動きのある動作を、持続の"着"は動きのない静かな状態を表すという違いがあります。

Check "着"と"在"の違いに注意しながら訳してみよう

1. 彼は座ってテレビを見ている。

2. 彼女は座っています。

3. ドアは開いています。

4. 彼は着替えています。

言ってみよう

▶ A グループと B グループの動詞を組み合わせて、「〜しながら…する」というフレーズを作ってみよう

1. 立ち読みする　　（　　　　　）
2. 笑って話す　　　（　　　　　）
3. 寝そべって食べる（　　　　　）
4. 歩いて来る　　　（　　　　　）
5. 立って食べる　　（　　　　　）
6. 座って読む　　　（　　　　　）
7. 走って行く　　　（　　　　　）
8. 立って寝る　　　（　　　　　）
9. 寝そべって読む　（　　　　　）
10. 座って話す　　（　　　　　）
11. 走って来る　　（　　　　　）
12. 立って話す　　（　　　　　）
13. 歩いて行く　　（　　　　　）

A グループ

躺着 tǎngzhe
坐着 zuòzhe
跑着 pǎozhe
笑着 xiàozhe
走着 zǒuzhe
站着 zhànzhe

B グループ

说 shuō
来 lái
吃 chī
看 kàn
去 qù
睡 shuì

訳してみよう

1. 彼らは立っておしゃべりをしています。

2. 彼は友達とコーヒーを飲んでいます。

3. 庭にたくさんの桜の木が植わっています。　　※院子 yuànzi（庭）、种 zhòng（植える）
　　　　　　　　　　　　　　　　　　　　　　櫻花树 yīnghuāshù（桜の木）

4. 彼女は手に一冊の本を持っています。

5. 外はまだ雪が降っていますか。

音読にチャレンジ

🔊 188

STEP 1 中国語 + ピンイン　□□□

①这是我们的教室。
Zhè shì wǒmen de jiàoshì.

②今天很凉快，
Jīntiān hěn liángkuai,

③教室的窗户都开着，空调没开。
jiàoshì de chuānghu dōu kāizhe, kōngtiáo méi kāi.

④黑板上写着很多生词，
Hēibǎn shang xiězhe hěn duō shēngcí,

⑤同学们在朗读这些生词。
tóngxuémen zài lǎngdú zhèixiē shēngcí.

⑥教室的墙上贴着很多画儿，
Jiàoshì de qiáng shang tiēzhe hěn duō huàr,

⑦这些画儿都是我们画的。
zhèixiē huàr dōu shì wǒmen huà de.

STEP 2 日本語　

①これは私たちの教室です。②今日は涼しいので、③教室の窓はすべて開いており、エアコンはついていません。④黒板にはたくさんの新出単語が書かれており、⑤学生たちはこれらの新出単語を朗読しています。⑥教室の壁にはたくさんの絵が貼ってありますが、⑦これらの絵はすべて私たちが描いたものです。

UNIT 26

01 比較　　　　　　　　　　　　　　　　　🔊190

比較表現には次の3タイプがあります。

❶ A＋"比"＋B＋形容詞＋（比較した差） AはBより〜だ

我 比 她 矮。
Wǒ bǐ tā ǎi.

她 比 我 大 两 岁。
Tā bǐ wǒ dà liǎng suì.

A＋"比"＋B＋形容詞／動詞フレーズ

他 比 以前 更 胖 了。
Tā bǐ yǐqián gèng pàng le.

我 比 你 还 喜欢 看 电影。
Wǒ bǐ nǐ hái xǐhuan kàn diànyǐng.

❷ A＋"没有"＋B＋（"这么／那么"）形容詞／動詞フレーズ
AはBほど（こんなに／そんなに）〜ではない

我 没有 她 高。
Wǒ méiyou tā gāo.

今天 没有 昨天 那么 冷。
Jīntiān méiyou zuótiān nàme lěng.

我 没有 你 能 喝 酒。
Wǒ méiyou nǐ néng hē jiǔ.

❸ A＋"跟"＋B＋"一样"（＋形容詞） AはBと同じ（くらい〜）だ
　 A＋"跟"＋B＋"不一样"　　　 AはBと同じではない（＝違う）

我 的 看法 跟 他 的 看法 一样。
Wǒ de kànfa gēn tā de kànfa yíyàng.

我 跟 他 姐姐 一样 大。
Wǒ gēn tā jiějie yíyàng dà.

日本人 的 习惯 跟 中国人 的 习惯 不 一样。
Rìběnrén de xíguàn gēn Zhōngguórén de xíguàn bù yíyàng.

単語Check 🔊189

- □ 以前 yǐqián（以前）
- □ 看法 kànfa（見解、考え方）
- □ 一样 yíyàng（同じ）
- □ 习惯 xíguàn（習慣）
- □ 大学 dàxué（大学）
- □ 恶心 ěxin（吐き気がする）
- □ 发烧 fā//shāo（熱が出る）
- □ 样子 yàngzi（様子）

□比較文では、程度を強調する時に副詞の"很"や"非常"を使うことができず、「さらに」という意味を表す副詞"更"や"还"を使います。

□動詞"没有"を使って否定します。「A＋"不比"＋B＋形容詞」という表現もありますが、これは「AはBより〜というわけではない」という意味になります。
"我不比她高。"は「私は彼女より背が高いというわけではない」＝「私と彼女はほぼ同じ背の高さだ」あるいは、「私のほうが少し低い」という可能性もあり、少々複雑な意味関係になります。
　初級段階では比較の否定は、「A＋"没有"＋B〜」と覚えればよいでしょう。

Check 次の語句を正しい語順に並べ替えてみよう

1. 比 / 我 / 他 / 大 / 两岁 /。
2. 那么 / 这件 / 那件 / 衣服 / 没有 / 贵 /。
3. 一样 / 明天 / 跟 / 今天 / 冷 /。

02 "一点儿" と "有点儿" 🔊 191

"一点儿" と "有点儿" は、日本語に訳すとどちらも「ちょっと」という意味ですが、使い方の違いは以下の通りです。

"一点儿"	"有点儿"
形容詞＋"一点儿"	"有点儿"＋形容詞 "有点儿"＋動詞
客観的	主観的
比較した差が「ちょっと」	マイナスイメージで「ちょっと」 （後につく形容詞・動詞は否定的・消極的なものが多い）

这 件 衣服 贵 一点儿。
Zhèi jiàn yīfu guì yìdiǎnr.
→他と比べてこの服のほうが値段が高い。

这 件 衣服 有点儿 贵。
Zhèi jiàn yīfu yǒudiǎnr guì.
→予想していた値段よりもちょっと高い。

今天 比 昨天 冷 一点儿。
Jīntiān bǐ zuótiān lěng yìdiǎnr.

我 比 大学 的 时候 瘦了 一点儿。
Wǒ bǐ dàxué de shíhou shòule yìdiǎnr.

我 有点儿 恶心。
Wǒ yǒudiǎnr ěxin.

我 有点儿 发烧。
Wǒ yǒudiǎnr fāshāo.

看 样子 妈妈 有点儿 不 高兴。
Kàn yàngzi māma yǒudiǎnr bù gāoxìng.

□話し言葉では"一点儿"の"一"が省略されることもあります。
这件衣服贵点儿。

Check 日本語に合うように（　　）に"一点儿"か"有点儿"を入れてみよう

1. 私の会社は駅からちょっと遠いです。　　　　我们公司离车站（　　　）远。
2. このスカートはあのスカートより少し長い。　这条裙子比那条长（　　　）。
3. もう少し安くできませんか。　　　　　　　　能不能便宜（　　　）?
4. 私は今日気分がすこし悪いです。　　　　　　我今天（　　　）不舒服。

💬 言ってみよう

▶ "比"や"没有"を使って比べてみよう

1. 我 18 岁　　　我妹妹 15 岁

2. 我 1 米 68　　他 1 米 75　　※米 mǐ（〜メートル）

3. 今天 30 度　　昨天 25 度　　※度 dù（〜度）

4. 这个 100 块　　那个 180 块

🅰 訳してみよう

1. 私は彼女より 10 センチ背が高いです。　　※厘米 límǐ（センチメートル）

2. 彼はあなたほど中国語を勉強するのが好きではない。

3. 陳さんの日本語は日本人と同じくらい上手です。

4. 今日は昨日より少し暑い。

5. この料理は少し辛い。

音読にチャレンジ

STEP 1 中国語 + ピンイン

① 我今年十八岁，我妹妹十六岁，
Wǒ jīnnián shíbā suì, wǒ mèimei shíliù suì,

② 我比妹妹大两岁。
wǒ bǐ mèimei dà liǎng suì.

③ 不过，我没有妹妹高。
Búguò, wǒ méiyou mèimei gāo.

④ 她比我高三厘米。
Tā bǐ wǒ gāo sān límǐ.

⑤ 妹妹四十八公斤，我四十五公斤，她比我胖一点儿。
Mèimei sìshibā gōngjīn, wǒ sìshiwǔ gōngjīn, tā bǐ wǒ pàng yìdiǎnr.

⑥ 妹妹总是说她自己有点儿胖，她要减肥。
Mèimei zǒngshì shuō tā zìjǐ yǒudiǎnr pàng, tā yào jiǎnféi.

⑦ 可是，我觉得妹妹不胖。
Kěshì, wǒ juéde mèimei bú pàng.

STEP 2 日本語

①私は今年18歳で、妹は16歳です。②私は妹より2歳年上です。③でも、私は妹ほど背が高くありません。④妹は私より3センチ高いです。⑤妹は48キロ、私は45キロで、妹は私より少し太っています。⑥妹はいつも自分は少し太っているからダイエットしなければと言っています。⑦しかし私は妹は太っていないと思います。

UNIT 27

01 近接未来の表現　🔊194

「もうすぐ〜だ／する」とこれから起こることを言うには、動詞フレーズを"要〜了"、"快要〜了"、"快〜了"、"就要〜了"といった呼応フレーズで挟み込みます。どれを使っても意味は同じですが、"三点"、"下星期"、"明年"など具体的な時間詞がある場合は"就要〜了"を使います。また"就要〜了"の前には"马上 mǎshàng"（まもなく）、"眼看 yǎnkàn"（すぐに、見る間に）などの副詞を置いて、強調することができます。

要下雨了。
Yào xià yǔ le.

春天快要到了。
Chūntiān kuàiyào dào le.

快放暑假了。
Kuài fàng shǔjià le.

我们下星期一就要开学了。
Wǒmen xià xīngqīyī jiù yào kāixué le.

你们马上就要考试了吗？
Nǐmen mǎshàng jiù yào kǎoshì le ma?

―还没（考试）呢。
Hái méi (kǎoshì) ne.

"快〜了"は動詞フレーズだけでなく、形容詞、時間や季節を表す名詞を挟み込むこともできます。

天快黑了。
Tiān kuài hēi le.

快十二点了，我们去吃午饭吧。
Kuài shí'èr diǎn le, wǒmen qù chī wǔfàn ba.

快立春了。
Kuài lìchūn le.

単語Check　🔊193

- □ 放暑假 fàng shǔjià（夏休みになる）
- □ 开学 kāi/xué（学校が始まる）
- □ 马上 mǎshàng（すぐに）
- □ 黑 hēi（暗い）
- □ 立春 lìchūn（立春）
- □ 说话 shuō//huà（話す）
- □ 别 bié（〜するな）
- □ 千万 qiānwàn（くれぐれも）
- □ 忘 wàng（忘れる）
- □ 哭 kū（泣く）
- □ 开玩笑 kāi wánxiào（冗談を言う）

Check 次の日本語を中国語に訳してみよう

1. もうすぐ9時だ。

2. 8月にはもう試合だ。

3. 学校はまもなく夏休みになる。

02 禁止表現 🔊195

現在行われている事柄や将来に予定されている事柄に対して「〜するな、〜しないで」と禁止、制止する場合は"不要"または"别"を使います。"不要"と"别"は動詞の前に置きます。"不要"と"别"は互いに交換可能ですが、"别"のほうがより口語的です。

またさらに強調したい場合には、副詞の"千万 qiānwàn"（絶対に、必ず）を"不要"、"别"の前に置きます。

> 不要 说话！／别 说话！
> Búyào shuōhuà! / Bié shuōhuà!

> 千万 不要 忘了 给 他 打 电话！
> Qiānwàn búyào wàngle gěi tā dǎ diànhuà!

"不要〜了"、"别〜了"とすると「もう〜するな、しないで」という意味になります。

> 不要 哭 了。
> Búyào kū le.

> 别 再 开 玩笑 了。
> Bié zài kāi wánxiào le.

□動詞"忘"は通常、後に"了"をつけなければいけません。

Check 次の日本語を中国語に訳してみよう

1. 走るな！

2. 冗談を言うな！

3. あわてるな！ ［※着急 zháojí（あわてる）］

言ってみよう

▶ （　）に"快"か"就"を入れて言ってみよう

1. 雨（　　）停了。
   Yǔ（　）tíng le.

2. 明天小李（　　）要回中国了。
   Míngtiān Xiǎo-Lǐ（　）yào huí Zhōngguó le.

3. （　　）圣诞节了。
   （　）shèngdànjié le.

4. 马上（　　）要出发了。
   Mǎshàng（　）yào chūfā le.

5. 我（　　）二十岁了。
   Wǒ（　）èrshí suì le.

訳してみよう

1. 授業中寝てはいけません。

2. 私たちは3月にはもう卒業します。

3. 絶対にパスポートを持ってくるのを忘れないで。

4. 飛行機はまもなく北京空港に着きます。

5. コンサートはまもなく終わります。　※演唱会 yǎnchànghuì（コンサート）

音読にチャレンジ

STEP 1 中国語＋ピンイン

①快要期末考试了，我特别紧张。
Kuàiyào qīmò kǎoshì le, wǒ tèbié jǐnzhāng.

②上次考试，我的英语差点儿不及格。
Shàng cì kǎoshì, wǒ de Yīngyǔ chàdiǎnr bù jígé.

③小王的英语很好，
Xiǎo-Wáng de Yīngyǔ hěn hǎo,

④我给小王打电话，
wǒ gěi Xiǎo-Wáng dǎ diànhuà,

⑤问他学习的方法。
wèn tā xuéxí de fāngfǎ.

⑥小王说："你别紧张。好好儿复习，一定能取得好成绩。"
Xiǎo-Wáng shuō : Nǐ bié jǐnzhāng. Hǎohāor fùxí, yídìng néng qǔdé hǎo chéngjì.

STEP 2 日本語

①もうすぐ期末試験なので、私はことのほか緊張しています。②前回の試験で私は英語がもう少しで不合格でした。③王さんの英語は上手なので、④私は王さんに電話をかけて、⑤勉強の方法を尋ねました。⑥王さんは「緊張しないで。しっかり復習すれば、きっと良い成績が取れる」と言いました。

UNIT 28

01 結果補語

　中国語はある動作の結果どうなったかを、動詞の後に動詞、または形容詞を補って、「〜して、その結果…する」という2段構えで表します。この補った動詞、形容詞の部分を結果補語と言います。

　結果補語は"没（有）"で否定します。

🔊 198

結果補語になる動詞	例
成 chéng （他の物に変化する）	翻译成 fānyìchéng 〜に翻訳する 换成 huànchéng 〜に両替する
到 dào （動作の達成、場所への到達）	买到 mǎidào 手に入れる 跑到 pǎodào 〜まで走る
懂 dǒng （理解する）	听懂 tīngdǒng 聞いて分かる 看懂 kàndǒng 見て分かる
给 gěi （〜に与える）	寄给 jìgěi 〜に郵送する 交给 jiāogěi 〜に提出する
完 wán （…し終わる）	吃完 chīwán 食べ終わる 做完 zuòwán やり終わる
在 zài （動作の結果、ある場所にいる、ある）	放在 fàngzài 〜に置く 住在 zhùzài 〜に住む
住 zhù （安定する、固定する）	记住 jìzhù 覚える 停住 tíngzhù 止まる
走 zǒu （元の場所から離れる）	借走 jièzǒu 借りていく 骑走 qízǒu 乗っていく

🔊 199

結果補語になる形容詞	例
饱 bǎo （満腹になる）	吃饱 chībǎo （食べて）満腹になる 喝饱 hēbǎo （飲んで）満腹になる
错 cuò （間違える）	听错 tīngcuò 聞き間違える 坐错 zuòcuò 乗り間違える
干净 gānjìng （きれいになる）	洗干净 xǐgānjìng きれいに洗う 吃干净 chīgānjìng すっかり食べる
好 hǎo （満足のいく状態になる）	做好 zuòhǎo ちゃんとする 准备好 zhǔnbèihǎo ちゃんと準備する
累 lèi （疲れる）	哭累 kūlèi 泣き疲れる 走累 zǒulèi 歩き疲れる
清楚 qīngchu （はっきりする）	看清楚 kànqīngchu はっきり見える 写清楚 xiěqīngchu はっきり書く

単語 Check 🔊 197

- ☐ 翻译 fānyì（翻訳する）
- ☐ 换 huàn
　（交換する、両替する）
- ☐ 寄 jì（郵送する）
- ☐ 交 jiāo（提出する）
- ☐ 记 jì（覚える）
- ☐ 停 tíng（止まる）
- ☐ 借 jiè（貸す、借りる）
- ☐ 洗 xǐ（洗う）

結果補語は前の動詞との結びつきが強いので、1つの動詞のかたまりと考えて、"了"、"过"や目的語は後に置きます。また、結果を表しているので"着"がつくことはありません。

她的小说已经翻译成汉语了。
Tā de xiǎoshuō yǐjīng fānyìchéng Hànyǔ le.

我还没听懂老师说的日语。
Wǒ hái méi tīngdǒng lǎoshī shuō de Rìyǔ.

这是我送给你的生日礼物。
Zhè shì wǒ sònggěi nǐ de shēngrì lǐwù.

你的房间打扫干净了吗?
Nǐ de fángjiān dǎsǎogānjìng le ma?

我没听清楚,老师请再说一遍。
Wǒ méi tīngqīngchu, lǎoshī qǐng zài shuō yí biàn.

200

UNIT 28

Check 次の語句を正しい語順に並べ替えて、日本語に訳してみよう

1. 懂 / 我 / 没 / 听 /。

2. 钱包 / 没 / 我 / 的 / 还 / 找 / 到 /。

3. 我 / 晚饭 / 还 / 吃 / 没 / 完 /。

💬 言ってみよう

▶日本語をヒントに、Aグループの動詞に、Bグループの動詞／形容詞を組み合わせて文を作ってみよう

		Aグループ	Bグループ
1.	ちゃんと描く	玩儿 wánr	清楚 qīngchu
2.	遊び疲れる	看 kàn	好 hǎo
3.	書き間違える	开 kāi	住 zhù
4.	はっきり話す	画 huà	走 zǒu
5.	読み終わる	写 xiě	错 cuò
6.	覚える	说 shuō	累 lèi
7.	見間違える	记 jì	完 wán
8.	運転していく		

A 訳してみよう

1. あなたはここに座って何をしているのですか。

2. 私はまだ仕事が見つかりません。

3. あなたのパソコンはちゃんと修理できましたか。

4. このセーターは誰がプレゼントしてくれたのですか。

5. 私はもう宿題をし終えました。

音読にチャレンジ

📢 201

STEP 1 中国語＋ピンイン　□□□

①今天的数学课太难了，我没听懂。
　Jīntiān de shùxuékè tài nán le, wǒ méi tīngdǒng.

②下课后我问田中听懂了吗，他说他都听懂了。
　Xiàkè hòu wǒ wèn Tiánzhōng tīngdǒng le ma, tā shuō tā dōu tīngdǒng le.

③田中太厉害了。
　Tiánzhōng tài lìhai le.

④晚上我想和田中一起在他家附近的咖啡馆学习数学。
　Wǎnshang wǒ xiǎng hé Tiánzhōng yìqǐ zài tā jiā fùjìn de kāfēiguǎn xuéxí shùxué.

⑤可是我坐错了电车，去晚了。
　Kěshì wǒ zuòcuòle diànchē, qùwǎn le.

⑥田中在那里等了我半个小时。
　Tiánzhōng zài nàli děngle wǒ bàn ge xiǎoshí.

⑦我觉得很不好意思。
　Wǒ juéde hěn bù hǎoyìsi.

STEP 2 日本語　□□□

①今日の数学の授業はとても難しく、私は聞いて分かりませんでした。②授業が終わった後、田中くんに分かったか聞いたところ、彼は全部分かったと言いました。③田中くんはすごいです。④夜、私は田中くんといっしょに、彼の家の近くの喫茶店で数学の勉強をしたいと思いました。⑤しかし私は電車を乗り間違えて、行くのが遅くなりました。⑥田中くんはそこで私を30分待ってくれました。⑦本当に申し訳ないと思いました。

UNIT 29

01 様態補語

様態補語は動作のやり方・程度・結果がどうであるかを表し、すでに実現していることやいつも行っていることについて述べる場合に使います。日本語では「〜するのが…だ」と訳すことが多いのですが、直訳すると意味が分かりにくいものがあるので注意が必要です。

铃木 跑得 <u>很 快</u>。
Língmù pǎode hěn kuài.

下線をひいた "很快" の部分が様態補語で、走り方がどうであるかを後から補足しています。

様態補語の部分には「副詞＋形容詞」や動詞フレーズが置かれますが、初級段階では「副詞＋形容詞」が補語になるタイプをしっかりとマスターしましょう。

①肯定文：目的語がない場合

> 主語＋動詞＋"得"＋副詞＋形容詞

形容詞の前には "最／非常／真／很" などの程度を表す副詞が置かれます。

她 唱得 最 好听。
Tā chàngde zuì hǎotīng.

妈妈 早上 起得 很 早。
Māma zǎoshang qǐde hěn zǎo.

弟弟 吃得 快，妹妹 吃得 慢。
Dìdi chīde kuài, mèimei chīde màn.

②肯定文：目的語がある場合

> 主語＋（動詞＋）《目的語》＋動詞＋"得"＋副詞＋形容詞

目的語がある場合は「××をする＋〜するのが…だ」というように動詞を繰り返します。通常は最初の動詞は省略可能です。

小陈（说）日语 说得 非常 流利。
Xiǎo-Chén shuō Rìyǔ shuōde fēicháng liúlì.

哥哥（做）菜 做得 很 好吃。
Gēge zuò cài zuòde hěn hǎochī.

単語 Check 202

- □ 唱 chàng（歌う）
- □ 好听 hǎotīng（[聞いて] 心地よい）
- □ 起 qǐ（起きる）
- □ 流利 liúlì（流暢である）
- □ 回答 huídá（答える、返答する）
- □ 对 duì（正しい、そのとおりだ）
- □ 画 huà（描く）
- □ 画儿 huàr（絵）

□①の1番目と2番目の例文は主語である "她"、"妈妈" の動作について描写しているので、副詞がついています。しかし、3番目の例文は "弟弟" と "妹妹" の食べ方の違いを比較(対比)しているので、副詞はつけません。

③否定文：動詞を否定するのではなく、補語の形容詞の前に"不 / 不太"などの否定の副詞を置きます。

他 回答得 不 对。
Tā huídáde bú duì.

我 画 画儿 画得 不 太 好。
Wǒ huà huàr huàde bú tài hǎo.

④疑問文：反復疑問文は補語の形容詞の部分を反復させます。

你 走得 快 吗？
Nǐ zǒude kuài ma?

她 字 写得 好 不 好？
Tā zì xiěde hǎo bu hǎo?

他 足球 踢得 怎么样？
Tā zúqiú tīde zěnmeyàng?

Check 次の日本語を中国語に訳してみよう

1. 話すのが速い

2. 走るのが最も速い

3. 寝るのが遅い

4. 食べるのが遅い

💬 言ってみよう

▶様態補語が使われている以下の文を読み、自分の答えを言ってみよう

1. 你汉语说得怎么样？
   Nǐ Hànyǔ shuōde zěnmeyàng?

2. 你唱歌唱得好不好？
   Nǐ chàng gē chàngde hǎo bu hǎo?

3. 你每天起得早吗？
   Nǐ měi tiān qǐde zǎo ma?

4. 你跑步跑得快不快？
   Nǐ pǎobù pǎode kuài bu kuài?

5. 你游泳游得怎么样？
   Nǐ yóuyǒng yóude zěnmeyàng?

6. 你做菜做得好吗？
   Nǐ zuò cài zuòde hǎo ma?

7. 你网球打得怎么样？
   Nǐ wǎngqiú dǎde zěnmeyàng?

8. 你英语学得好吗？
   Nǐ Yīngyǔ xuéde hǎo ma?

9. 你钢琴弹得怎么样？
   Nǐ gāngqín tánde zěnmeyàng?

10. 你每天睡得晚不晚？
    Nǐ měi tiān shuìde wǎn bu wǎn?

🅰 訳してみよう

1. 兄は夜寝るのがわりと遅い。

2. 彼の中国語はまあまあだ。

3. 彼女はなぜ英語を話すのがうまいのですか。

4. 李さんの話し方はあまりはっきりしない。

5. 彼は中国語を話すのがたいしてうまくない。

音読にチャレンジ

📢 204

STEP 1 中国語＋ピンイン

①我妈妈今年四十五岁，
Wǒ māma jīnnián sìshiwǔ suì,

②她是一个高中老师。
tā shì yí ge gāozhōng lǎoshī.

③妈妈每天起得最早，睡得最晚。
Māma měi tiān qǐde zuì zǎo, shuìde zuì wǎn.

④她每天很早起床给我们做早饭和便当。
Tā měi tiān hěn zǎo qǐchuáng gěi wǒmen zuò zǎofàn hé biàndāng.

⑤妈妈做便当做得很快，也很好吃。
Māma zuò biàndāng zuòde hěn kuài, yě hěn hǎochī.

⑥妈妈不在家的时候，爸爸给我们做早饭，
Māma bú zài jiā de shíhou, bàba gěi wǒmen zuò zǎofàn,

⑦不过，爸爸做饭做得很慢，做得也不太好吃。
búguò, bàba zuò fàn zuòde hěn màn, zuòde yě bú tài hǎochī.

STEP 2 日本語

①私の母は今年45歳で、②高校の教師です。③毎日起きるのが一番早く、寝るのは一番遅いです。④母は毎日早く起きて、私たちに朝ご飯とお弁当を作ってくれます。⑤母はお弁当を作るのが速くて、しかもおいしいです。⑥母が家にいない時は、父が私たちのために朝ご飯を作ってくれますが、⑦父はご飯を作るのが遅いし、あまりおいしくもありません。

UNIT 30

01 単純方向補語　　　　　　　　　　　🔊206

　動詞の後に方向動詞"来、去、上、下、进、出、回、过、起"をつけて動作の方向を表す方向補語には、単純方向補語と複合方向補語があります。まずは2パターンある単純方向補語から説明します。

　単純方向補語1は"来"と"去"です。話し手の方に近づいて来る場合は動詞の後に"来"を、話し手から遠ざかって行く場合は"去"をつけます。

単純方向補語1

> 動詞＋ 来 / 去

走来 zǒulai（歩いて来る）　走去 zǒuqu（歩いて行く）

跑来 pǎolai（走って来る）　跑去 pǎoqu（走って行く）

买来 mǎilai（買って来る）　买去 mǎiqu（買って行く）

孩子们 都 回去 了。
Háizimen dōu huíqu le.

明天 我 带 照相机 去。
Míngtiān wǒ dài zhàoxiàngjī qù.

我们 可以 进来 吗？
Wǒmen kěyǐ jìnlai ma?

　単純方向補語2はさらに動きが増えます。7つの方向動詞の基本的な意味は以下の通りです。

上 shàng	高い所に到達する
下 xià	人や事物が高い所から低い所へ下がっていく
进 jìn	人や事物が動作に従って外から中へ入る
出 chū	人や事物が動作に従って中から外へ出る
回 huí	元の場所に戻る
过 guò	通過したり、向きを変えたりする
起 qǐ	人や物が動作によって下から上に向かって移動する

単語Check 🔊205

- 带 dài（持つ）
- 照相机 zhàoxiàngjī（カメラ）
- 搬 bān（運び）
- 飞 fēi（飛ぶ）
- 突然 tūrán（突然に）
- 下雨 xià yǔ（雨が降る）
- 山顶 shāndǐng（山頂）
- 原处 yuánchù（元の場所）
- 拿 ná（持つ）
- 汽车 qìchē（自動車）
- 椅子 yǐzi（椅子）

□"来"と"去"は軽声で発音するのが一般的です。

□単純方向補語1に目的語がつく場合は、左の2番目の例のように"来/去"の前に置きます。目的語を挟む場合、"来"と"去"は元の声調で発音します。

単純方向補語２

| 動詞＋ | 上／下／進／出
回／過／起 |

跑上 pǎoshàng（走って上がる）　　走下 zǒuxià（歩いて下る）

搬进 bānjìn（運んで入る）　　飞出 fēichū（飛んで出る）

买回 mǎihuí（買って帰る）　　走过 zǒuguò（歩いて通り過ぎる）

拿起 náqǐ（持ち上げる）

学生们 走进了 教室。
Xuéshengmen zǒujìnle jiàoshì.

突然 下起了 大雨，我们 没 爬上 山顶。
Tūrán xiàqǐle dàyǔ, wǒmen méi páshàng shāndǐng.

东西 用完 要 放回 原处。
Dōngxi yòngwán yào fànghuí yuánchù.

□単純方向補語２は常に元の声調で発音します。

□単純方向補語２に目的語がつく場合は、方向補語の後ろに置きます。

02 複合方向補語　　　📢207

複合方向補語は字面からも分かる通り、２パターンの単純方向補語を組み合わせたものです。語順は以下のようになります。

| 動詞＋ | 上／下／進／出
回／過／起 | ＋来／去 |

跑上来 pǎoshanglai（走って上がって来る）

走下去 zǒuxiaqu（歩いて下って行く）

搬进来 bānjinlai（運んで入って来る）

飞出去 fēichuqu（飛んで出て行く）

买回来 mǎihuilai（買って帰って来る）

走过去 zǒuguoqu（歩いて通り過ぎて行く）

拿起来 náqilai（持ち上げて来る）

学生们 跑出 食堂 去 了。
Xuéshengmen pǎochū shítáng qu le.

一 辆 汽车 开进 便利店 来 了。
Yí liàng qìchē kāijìn biànlìdiàn lai le.

小 李 从 房间 里 搬出 一 把 椅子 来。
Xiǎo-Lǐ cóng fángjiān li bānchū yì bǎ yǐzi lai.

小 李 从 房间 里 搬出来 一 把 椅子。
Xiǎo-Lǐ cóng fángjiān li bānchulai yì bǎ yǐzi.

□複合方向補語は目的語を挟まない場合はすべて軽声で発音し、目的語を挟む場合は"来"と"去"のみを軽声で発音します。

□複合方向補語も場所が目的語の場合は、"来／去"の前に置きます。場所以外の目的語の場合は、命令文や動作がまだ完了していない文では"来／去"の前に置き、動作が完了していれば"来／去"の前後どちらに置いてもかまいません。

💬 言ってみよう

▶次の方向補語を含むフレーズを訳してみよう

1. 家に帰って行く

2. パンを買って来る

3. 図書館に入って行く

4. 1通の手紙を出す

5. 水を1杯入れて来る

6. パスポートを取り出す

7. 富士山に登る

8. 財布を拾う　　　　　　　　　　　　　　　　　　　　　　※拾 shí（拾う）

🅰 訳してみよう

1. 張さんは2階から降りてきました。

2. 彼女は泣きながら（走って）部屋に戻って行きました。

3. 皆さん、ノートを出してください。

4. あなたはなぜこんなにたくさんのお菓子を買ってきたのですか。

5. 明日辞書を持ってくるのを忘れないように。

音読にチャレンジ

STEP 1 中国語＋ピンイン

① 马上要上课了，老师已经进来了，田中还没有来教室。
Mǎshàng yào shàngkè le, lǎoshī yǐjīng jìnlai le, Tiánzhōng hái méiyou lái jiàoshì.

② 上课铃响的时候，田中才跑进教室来。
Shàngkè líng xiǎng de shíhou, Tiánzhōng cái pǎojìn jiàoshì lai.

③ 他坐下后，马上拿出课本来。
Tā zuòxià hòu, mǎshàng náchū kèběn lai.

④ 这时候，他发现他忘记带铅笔盒和手机来了。
Zhè shíhou, tā fāxiàn tā wàngjì dài qiānbǐhé hé shǒujī lái le.

⑤ 老师走过来，借给他一支笔。
Lǎoshī zǒuguolai, jiègěi tā yì zhī bǐ.

⑥ 他家就在学校附近。
Tā jiā jiù zài xuéxiào fùjìn.

⑦ 他想下课后马上跑回家去拿铅笔盒和手机。
Tā xiǎng xiàkè hòu mǎshàng pǎohuí jiā qu ná qiānbǐhé hé shǒujī.

UNIT 30

STEP 2 日本語

①もうすぐ授業が始まるので、先生はもう入って来られましたが、、田中くんはまだ教室に来ていません。②始業ベルが鳴った時、田中くんはようやく教室に駆け込んできました。③彼は座るとすぐにテキストを取り出しました。④この時、彼は筆箱と携帯電話を持って来るのを忘れたことに気がつきました。⑤先生がやってきて、彼にペンを1本貸してくださいました。⑥彼の家は学校のすぐ近くです。⑦彼は授業が終わったら、すぐ家に戻って、筆箱と携帯電話を取ってこようと思いました。

UNIT 31

01 方向補語の派生義　　　　　　　　　　　　　　　　211

方向補語には方向動詞が示す具体的な動き以外に、派生的な意味がたくさんあります。以下にその一部を示します。

動詞＋"上"

①合わさる、付着する

请 注意 关上 的 门。
Qǐng zhùyì guānshàng de mén.

出去 的 时候，他 总是 戴上 帽子。
Chūqu de shíhou, tā zǒngshì dàishàng màozi.

②目標の達成

我 儿子 考上了 北京 大学。
Wǒ érzi kǎoshàngle Běijīng dàxué.

③動作・状態の開始とその持続

我 爱上 他 了。
Wǒ àishàng tā le.

動詞＋"下"

①分離を表す

他 摘下了 口罩。
Tā zhāixiàle kǒuzhào.

②定着・残存を表す

这 次 旅行 给 我 留下了 深刻 的 印象。
Zhèi cì lǚxíng gěi wǒ liúxiàle shēnkè de yìnxiàng.

③数量を表す表現とともに用いて収容する余地があることを表す

这 辆 汽车 能 坐下 七个人。
Zhèi liàng qìchē néng zuòxià qī ge rén.

動詞＋"下来／下去"

①上から下への抽象的な移動を表す

吃了 药 以后，爷爷 的 血压 降下来 了。
Chīle yào yǐhòu, yéye de xuèyā jiàngxialai le.

②継続を表す

"下来"は過去から現在まで「～し続けてきた」こと、"下去"は現在から未来へ「～し続けていく」ことを表す

你 有 哪些 坚持下来 的 学习 习惯？
Nǐ yǒu něixiē jiānchíxialai de xuéxí xíguàn?

汉语 很 难，可是 我 今后 也 要 学习下去。
Hànyǔ hěn nán, kěshì wǒ jīnhòu yě yào xuéxíxiaqu.

単語Check 209

- 注意 zhùyì（注意する）
- 关 guān（閉める）
- 门 mén（ドア）
- 出去 chū//qu（出かける）
- 总是 zǒngshì（いつも）
- 戴 dài（かぶる）
- 帽子 màozi（帽子）
- 爱 ài（愛する、好む）
- 摘 zhāi（外す、脱ぐ）
- 口罩 kǒuzhào（マスク）
- 留 liú（残す）
- 深刻 shēnkè（深い）
- 印象 yìnxiàng（印象）
- 以后 yǐhòu（以後）
- 爷爷 yéye（（父方の）おじいさん、祖父）
- 血压 xuèyā（血圧）
- 降 jiàng（下がる）

動詞＋"出（来）"

出現・発見・識別を表す

我 想出了 一个 好 办法。
Wǒ xiǎngchūle yí ge hǎo bànfǎ.

从 他 的 口音 能 听出来 他 是 广东人。
Cóng tā de kǒuyin néng tīngchulai tā shì Guǎngdōngrén.

動詞＋"过"

超過を表す

我 今天 早上 睡过 了，迟到了 半 个 小时。
Wǒ jīntiān zǎoshang shuìguò le, chídàole bàn ge xiǎoshí.

動詞＋"过来/过去"

① （ある時期や場面が）過ぎることを表す

那些 艰难 的 岁月，你 是 怎么 熬过来 的？
Nèixiē jiānnán de suìyuè, nǐ shì zěnme áoguolai de?

② 正常な状態に戻る／正常な状態でなくなることを表す

她 气得 昏过去 了。
Tā qìde hūnguoqu le.

動詞＋"起来"

① 「～しはじめる」

大家 都 唱起来 了。
Dàjiā dōu chàngqilai le.

② 「～してみると」

说起来 容易，做起来 难。
Shuōqilai róngyì, zuòqilai nán.

② 分散しているモノが集まる

大家 要 团结起来！
Dàjiā yào tuánjiéqilai!

単語Check ◀210

- 坚持 jiānchí（堅持する）
- 可是 kěshì（しかし）
- 今后 jīnhòu（今後）
- 办法 bànfǎ（方法）
- 口音 kǒuyin（なまり、発音）
- 广东人 Guǎngdōngrén（広東出身）
- 迟到 chídào（遅刻する）
- 艰难 jiānnán（［生活などが］苦しい）
- 岁月 suìyuè（年月）
- 熬 áo（耐え忍ぶ）
- 错误 cuòwù（間違い）
- 气 qì（怒る）
- 昏 hūn（意識を失う）
- 环境 huánjìng（環境）
- 保护 bǎohù（保護する、守る）
- 身边 shēnbiān（身の回り）
- 容易 róngyì（易しい）
- 团结 tuánjié（団結する）

UNIT 31

02 程度補語 🔊213

形容詞や一部の動詞の後ろについて、程度が高いことを強調する補語を程度補語と言います。程度補語には"得"があるタイプと"得"がないタイプがあります。

① "得"があるタイプ

～得很

程度副詞の"非常"や"特别"とほぼ同じ意味で、相互に言い換えが可能で、好ましいことにも、そうでないことにも使えます。

我 今天 困 得 很。
Wǒ jīntiān kùn de hěn.

～得多

比較文に使い、差が大きいことを表します。

他 看起来 比 实际 年龄 年轻 得 多。
Tā kànqilai bǐ shíjì niánlíng niánqīng de duō.

～得厉害

好ましくない意味の形容詞や動詞の後ろにつきます。

牙 疼 得 厉害。
Yá téng de lìhai.

～得要命／要死

くだけた言い方で、「死ぬほど～、～で死にそう」という意味です。両者の意味の差はありません。一般的に好ましくないことに使いますが、"好"や"高兴"の後ろにもつきます。

我 没 吃 午饭，饿 得 要死。
Wǒ méi chī wǔfàn, è de yàosǐ.

～得不得了 debùdéliǎo／得了不得 deliǎobudé

「～でたまらない」という意味です。

爷爷 去世 了，我 难过 得 不得了。
Yéye qùshì le, wǒ nánguò de bùdéliǎo.

単語Check 🔊212

☐ 困 kùn（眠い）
☐ 实际 shíjì（実際の）
☐ 年龄 niánlíng（年齢）
☐ 年轻 niánqīng（若い）
☐ 牙 yá（歯）
☐ 饿 è（お腹が空く）
☐ 去世 qùshì（亡くなる）
☐ 难过 nánguò（辛い）
☐ 动画片 dònghuàpiàn（アニメ）
☐ 累 lèi（疲れる）
☐ 坏 huài（壊れる）

② "得"がないタイプ

～极了

程度が極めて高いことを表します。

这个 动画片 有 意思 极了。
Zhèige dònghuàpiàn yǒu yìsi jíle.

～多了

"～得多"と同じく比較文に使い、比較した差がはなはだしいことを表します。

他 比 以前 胖 多了。
Tā bǐ yǐqián pàng duōle.

～死了

好ましくない意味の形容詞の後ろにつけます。

我 今天 工作了 十 个 小时，累 死了。
Wǒ jīntiān gōngzuòle shí ge xiǎoshí, lèi sǐle.

～坏了

この"坏"は「壊れる」という意味で、感情や感覚を表す形容詞や動詞の後ろについて、その度合いが非常に高いことを表します。

这 几 天 我们 都 忙 坏了。
Zhè jǐ tiān wǒmen dōu máng huàile.

Check 次の日本語に合うように（　　）に適切な補語を入れて読んでみよう

1. この料理は見たところ美味しそうだ。

   这个菜看（　　　　）很好吃。

2. 意見があれば言ってください。

   你有意见就说（　　　　）吧。

3. この時計はお祖父さんが残してくれたものです。

   这块手表是爷爷留（　　　　）的。

4. あのテレビ番組を私は録画しました。

   那个电视节目我录（　　　　）了。

5. 私はハイヒールを脱いで、スリッパに履き替えました。

   我脱（　　　　）高跟鞋，穿（　　　　）了拖鞋。

6. 今朝はひどく寒い。

   今天早上冷（　　　　）。

7. 中国語の発音はひどく難しい。

   汉语的发音难（　　　　）。

8. この歌はとっても美しいです。

   这首歌好听（　　　　）。

9. 今日彼は有頂天だ。

   今天他高兴得（　　　　）。

10. 何度も走って往復したので、疲れて死にそうだ。

    跑了几趟，累得（　　　　）。

音読にチャレンジ

🔊 214

STEP 1 中国語 + ピンイン

①我在一家便利店打工。
Wǒ zài yì jiā biànlìdiàn dǎgōng.

②有一天，店里来了一个中国客人。
Yǒu yì tiān, diàn li lái le yí ge Zhōngguó kèren.

③我想用汉语和他打招呼，但是说话的时候，我紧张死了，
Wǒ xiǎng yòng Hànyǔ hé tā dǎ zhāohu, dànshì shuōhuà de shíhou, wǒ jǐnzhāng sǐle,

④学过的很多句子都没用上，只会说"你好！你好！"。
xuéguo de hěn duō jùzi dōu méi yòngshàng, zhǐ huì shuō "Nǐ hǎo! Nǐ hǎo!".

⑤他听了我的汉语，笑了起来，
Tā tīngle wǒ de Hànyǔ, xiàole qilai,

⑥用日语对我说："你的汉语发音很好！"。
yòng Rìyǔ duì wǒ shuō : "Nǐ de Hànyǔ fāyīn hěn hǎo!".

⑦我高兴极了，下决心要好好儿学习汉语。
Wǒ gāoxìng jíle, xià juéxīn yào hǎohāor xuéxí Hànyǔ.

UNIT 31

STEP 2 日本語

①私はコンビニでアルバイトをしています。②ある日お店に中国人のお客さんが一人来ました。③私は中国語でそのお客さんにあいさつをしたいと思いましたが、話す段になると、緊張しすぎて、④習った多くのフレーズが使えず、ただ「こんにちは、こんにちは」としか言えませんでした。⑤彼は私の中国語を聞くと、笑い出して、⑥日本語で「あなたの中国語は発音が良いですね！」と言いました。⑦私はうれしくて、しっかり中国語を勉強しようと決心しました。

UNIT 32

01 可能補語　🔊216

可能補語は文字通り「できる」のか「できない」のかを表しますが、UNIT28で学んだ結果補語とUNIT30で学んだ方向補語の間に"得"と"不"を挟み込んだものです。

可能補語は"不"を挟み込む否定形を用いることのほうが多く、"得"を挟み込む肯定形のほうは疑問文で使われます。

	できる	できない
結果補語	听得懂 tīngdedǒng （聞いて理解できる） 看得清楚 kàndeqīngchu （はっきり見える） 洗得干净 xǐdegānjìng （洗ってきれいになる）	听不懂 tīngbudǒng （聞いて理解できない） 看不清楚 kànbuqīngchu （はっきり見えない） 洗不干净 xǐbugānjìng （洗ってきれいにならない）
方向補語	回得来 huídelái （帰って来られる） 起得来 qǐdelái （起きられる） 坐得下 zuòdexià （座れる）	回不来 huíbulái （帰って来られない） 起不来 qǐbulái （起きられない） 坐不下 zuòbuxià （座れない）
特殊なタイプ	吃得了 chīdeliǎo （［量的に］食べきれる） 来得及 láidejí （［時間的に］間に合う）	吃不了 chībuliǎo （［量的に］食べきれない） 来不及 láibují （［時間的に］間に合わない）

単語Check 🔊215

□ 上海话
　Shànghǎihuà（上海語）

表の最後の特殊なタイプの「動詞＋得了 liǎo」はその動作を量的に完了・完結できる、「動詞＋不了 liǎo」は量的に完了・完結できないという意味を表します。また「動詞＋得及」は時間の余裕があってできる、「動詞＋不及」は時間の余裕がなくてできないという意味を表します。

我 听不懂 上海话。
Wǒ tīngbudǒng Shànghǎihuà.

我 一 个 人 吃不了 这么 多 菜。
Wǒ yí ge rén chībuliǎo zhème duō cài.

这个 房间 坐得下 三十 个 人 吗?
Zhèige fángjiān zuòdexià sānshí ge rén ma?

你 明天 早上 五 点 起得来 起不来?
Nǐ míngtiān zǎoshang wǔ diǎn qǐdelái qǐbulái?

□可能補語の反復疑問文は肯定形と否定形を丸ごと並べます。

UNIT 32

💬 言ってみよう

▶以下の可能補語は熟語として覚えよう

差得多（大変違う）	⇔	差不多（大差がない）
chàdeduō		chàbuduō
吃得了（食べきれる）	⇔	吃不了（食べきれない）
chīdeliǎo		chībuliǎo
対得起（申し訳が立つ）	⇔	対不起（申し訳ない）
duìdeqǐ		duìbuqǐ
看得起（重視する）	⇔	看不起（馬鹿にする）
kàndeqǐ		kànbuqǐ
受得了（耐えきれる）	⇔	受不了（耐えきれない）
shòudeliǎo		shòubuliǎo
忘得了（忘れられる）	⇔	忘不了（忘れられない）
wàngdeliǎo		wàngbuliǎo
想得到（予想できる）	⇔	想不到（予想できない）
xiǎngdedào		xiǎngbudào

🅰 訳してみよう

1. 私はまだ中国語の小説を読んで理解できません。

2. 私は毎朝起きられません。

3. いま行けば、まだ間に合いますか。

4. この服は洗ってきれいになりますか。

5. 私はどうしても単語を覚えられません。

音読にチャレンジ

🔊 217

STEP 1 中国語 + ピンイン ☐☐☐

①今天英语课的作业很多，
Jīntiān Yīngyǔkè de zuòyè hěn duō,

②有听力作业、阅读作业，还有作文。
yǒu tīnglì zuòyè, yuèdú zuòyè, hái yǒu zuòwén.

③听力作业和阅读作业我今天写得完，
Tīnglì zuòyè hé yuèdú zuòyè wǒ jīntiān xiědewán,

④可是，作文有点儿难，
kěshì, zuòwén yǒudiǎnr nán,

⑤我今天肯定写不完。
wǒ jīntiān kěndìng xiěbuwán.

⑥作文我想明天写，后天交给老师。
Zuòwén wǒ xiǎng míngtiān xiě, hòutiān jiāogěi lǎoshī.

⑦用两天的时间写作文我想大概能写得完。
Yòng liǎng tiān de shíjiān xiě zuòwén wǒ xiǎng dàgài néng xiědewán.

UNIT 32

STEP 2 日本語 ☐☐☐

①今日は英語の宿題が多く、②リスニングの宿題、リーディングの宿題、さらに作文もあります。③リスニングの宿題とリーディングの宿題は今日やり終えられますが、④作文の宿題は少し難しいので、⑤今日は絶対やり終えることができません。⑥作文は明日書いて、明後日先生に提出するつもりです。⑦2日かけて作文を書けば、私はたぶん書き終えられると思います。

UNIT 33

01 "把" 構文 🔊219

中国語の動詞述語文（UNIT05 で学習）は「主語＋動詞＋目的語」の語順ですが、目的語に対してどんな動作をしたのか、つまり動作の結果に注目する場合には "把" 構文を使います。"把" は「〜を」という意味を表す介詞です。語順は以下の通りです。

| 主語＋ | "不"
"没"
副詞
助動詞 | ＋"把"＋目的語＋動詞＋α |

"把" 構文では動詞単独ではなく、必ず＋αの成分が必要になります。具体的にいうと、"了" や補語や動詞の重ね型などです。

また、否定を表す "不"、"没" やその他の副詞、助動詞は "把" の前に置きます。

我 把 雨伞 忘在 地铁 上 了。
Wǒ bǎ yǔsǎn wàngzài dìtiě shang le.

请 把 笔 借给 我 用 一下 吧。
Qǐng bǎ bǐ jiègěi wǒ yòng yíxià ba.

快 把 房间 打扫干净 吧。
Kuài bǎ fángjiān dǎsǎogānjìng ba.

你 怎么 没 把 男朋友 带来？
Nǐ zěnme méi bǎ nánpéngyou dàilai?

単語Check 🔊218
- □ 雨伞 yǔsǎn（傘）
- □ 笔 bǐ（ペン）
- □ 一下 yíxià
  （ちょっと）
- □ 男朋友 nánpéngyou
  （ボーイフレンド）

▶コラム──辞書の引き方

　電子辞書やオンライン辞書と違って、紙の辞書では調べたい単語だけではなく、周りの情報も含めて「読む」ことができます。紙には紙の、オンラインにはオンラインのそれぞれの良さがあるので、ぜひ紙の辞書も使ってみましょう。
　紙の辞書の引き方を説明します。

　　例："吃力"

中国語の辞書は「ピンイン」から引くか、「部首」から引きます。

1. ピンインから引く
① 1 文字目の漢字 "吃" をピンインで探す。アルファベット順に並んでいます。
② "吃" を見つけたら、漢字の説明に続いてある "吃" からはじまる単語の一覧から "chīlì" を探しましょう。2 字目以降もアルファベット順に並んでいます。chīlì【吃力】＜形＞骨が折れる　が見つかりましたか。

2. 部首から引く
①辞書の巻頭または巻末にある「部首一覧」から 1 字目の漢字の部首を探します。部首は画数順に並んでおり、各部首の横に「部首索引」のページ数が記載されています。"吃" は口偏なので 3 画のところを探しましょう。
②「部首索引」で探している部首のところへ移動し、部首を除いた総画数を数え、その画数のところから目的の漢字を探しましょう。"吃" の部首以外の画数は 3 画なので、3 画のところを見ると "吃" が出てきます。漢字の横に "吃" が記載されているページ数が書かれているので、そのページへ行ってみましょう。

💬 言ってみよう

▶下の単語リストを組み合わせて、目的語にどんな動作をしたのか言ってみよう

你把 目的語　　動詞＋α　　　。

黒板 hēibǎn	给我用用 gěi wǒ yòngyong
衣服 yīfu	翻译成中文 fānyìchéng Zhōngwén
护照 hùzhào	洗干净 xǐgānjìng
词典 cídiǎn	写在这里 xiězài zhèli
地址和手机号 dìzhǐ hé shǒujīhào	擦擦 cāca
这封信 zhèi fēng xìn	放在桌子上 fàngzài zhuōzi shang
行李 xíngli	拿出来 náchulai

📝 訳してみよう

1. 早く服を着なさい。

2. 私は日本円を人民元に両替したいです。

3. あなたは宿題を先生に提出しましたか。

4. 彼はまだ本を返却に行っていません。

5. お母さんはもう夕食を作り終わりました。

音読にチャレンジ

STEP 1 中国語 + ピンイン

①今天是妹妹的生日，
Jīntiān shì mèimei de shēngrì,

②我上午去买了生日蛋糕和礼物。
wǒ shàngwǔ qù mǎile shēngrì dàngāo hé lǐwù.

③回家后，我先把蛋糕放在冰箱里，
Huí jiā hòu, wǒ xiān bǎ dàngāo fàngzài bīngxiāng li,

④把妹妹的生日礼物藏在房间里。
bǎ mèimei de shēngrì lǐwù cángzài fángjiān li.

⑤然后，我把家里打扫了一遍，
Ránhòu, wǒ bǎ jiā li dǎsǎole yí biàn,

⑥把垃圾都扔了，把桌子收拾好，放上鲜花，
bǎ lājī dōu rēng le, bǎ zhuōzi shōushihǎo, fàngshàng xiānhuā,

⑦等着给妹妹过生日。
děngzhe gěi mèimei guò shēngrì.

STEP 2 日本語

①今日は妹の誕生日なので、②私は午前中、誕生日ケーキとプレゼントを買いに行きました。③家に帰ってから、私はまずケーキを冷蔵庫に入れて、④妹の誕生日プレゼントを部屋にしまいました。⑤それから家を一通り掃除して、⑥ごみを全部捨て、テーブルを片づけて、花を置き、⑦妹の誕生日祝いをするのを待っています。

UNIT 34

01 複文　　　　　　　　　　　　　🔊222

　２つ又は２つ以上の句が１つの文を構成しているものを複文と言います。複文の前後の文には意味的に様々なつながりがあります。

　まずは以下の４つのパターンを覚えましょう。接続詞や副詞が文と文の意味関係を表す印となっています。

❶因果関係：因为 (yīnwèi) A，所以 (suǒyǐ) B　　Aなので、だからB
❷逆接関係：虽然 (suīrán) A，但是 (dànshì) B　　Aだけど、しかしB
❸仮定関係：如果 (rúguǒ) A，就 (jiù) B　　　　 もしAなら、Bだ
❹譲歩関係：即使 (jíshǐ) A，也 (yě) B　　　　　たとえAでも、Bだ

　❶❷ではAという事柄はすでに発生していますが（已然）、❸❹ではAという事柄はまだ発生していません（未然）。

　では前半部分に"身体不舒服"（体調が悪い）という文を用いて、❶～❹の文を確認してみましょう。

因为 身体 不 舒服，所以 我 不 想 去 上班 了。
Yīnwèi shēntǐ bù shūfu, suǒyǐ wǒ bù xiǎng qù shàngbān le.

虽然 身体 不 舒服，但是 我 还 得 去 上班。
Suīrán shēntǐ bù shūfu, dànshì wǒ hái děi qù shàngbān.

如果 身体 不 舒服，你 就 不用 去 上班 了。
Rúguǒ shēntǐ bù shūfu, nǐ jiù búyòng qù shàngbān le.

即使 身体 不 舒服，你 也 要 去 上班。
Jíshǐ shēntǐ bù shūfu, nǐ yě yào qù shàngbān.

　ここでは分かりやすいように接続詞や副詞が呼応した形を示しましたが、実際には常にペアで表れるとは限らず、前半のみ、後半のみ、時にはどちらも省略されている場合もあります。従って、前後の文の意味のつながりを推測できる力をつけておく必要があります。

単語 Check 🔊221
☐ 舒服 shūfu
　（心地良い、体調が良い）
☐ 别人 biéren（他の人）
☐ 长大 zhǎngdà
　（成長する）
☐ 觉得 juéde
　（～と思う、感じる）
☐ 努力 nǔlì（努力する）
☐ 取得 qǔdé
　（取得する）
☐ 成绩 chéngjì（成績）
☐ 知识 zhīshi（知識）
☐ 丰富 fēngfù
　（豊富である）

02 呼応表現のまとめ 🔊223

呼応表現は左のページで提示した以外にもたくさんあります。

- 一〜就… 「〜するとすぐ…」「〜するやいなや…」

    我 一 到 家，天 就 下 雨 了。
    Wǒ yí dào jiā, tiān jiù xià yǔ le.

- 一边〜一边… 「〜しながら…する」

    他 一边 吃 饭，一边 上网。
    Tā yìbiān chī fàn, yìbiān shàngwǎng.

- 除了A以外，〜都… 「A以外はみんな…」

    除了 我 以外，别人 都 会 做。
    Chúle wǒ yǐwài, biérén dōu huì zuò.

- 越来越〜 「だんだん〜になる」「ますます〜になる」

    天气 越 来 越 暖和 了。
    Tiānqì yuè lái yuè nuǎnhuo le.

- 越A越B 「AすればするほどBになる」

    为 什么 越 长大 越 觉得 时间 过得 快？
    Wèi shénme yuè zhǎngdà yuè juéde shíjiān guòde kuài?

- 只有〜才… 「ただ〜だけが…」「〜してはじめて…」

    只有 努力 学习，才 能 取得 好 成绩。
    Zhǐyǒu nǔlì xuéxí, cái néng qǔdé hǎo chéngjì.

- 只要〜就… 「〜でさえあれば…」「〜しさえすれば…」

    只要 多 看 书，知识 就 会 丰富起来。
    Zhǐyào duō kàn shū, zhīshi jiù huì fēngfùqilai.

- 等〜再… 「〜してから…する」

    外面 在 下 雨，你 应该 等 雨 停了 再 走。
    Wàimiàn zài xià yǔ, nǐ yīnggāi děng yǔ tíngle zài zǒu.

UNIT 34

言ってみよう

▶日本語をヒントに、適切な呼応表現を完成させて言ってみよう

1. 明日時間がなければ、日を改めてまた話しましょう。
   （　　）你明天没有时间，（　　）改天再说吧。
   （　　）nǐ míngtiān méiyǒu shíjiān,（　　）gǎitiān zài shuō ba.

2. 航空券が買えなかったので、私は列車で行きました。
   （　　）没买到飞机票，（　　）我坐火车去了。
   （　　）méi mǎidào fēijīpiào,（　　）wǒ zuò huǒchē qù le.

3. たとえ明日大雪が降っても、私たちは出かけなければいけません。
   （　　）明天下大雪，我们（　　）要出去。
   （　　）míngtiān xià dàxuě, wǒmen（　　）yào chūqu.

4. 彼は行きたくないですが、やはり行かなければいけません。
   （　　）他不愿意去，（　　）还是得去。
   （　　）tā bú yuànyì qù,（　　）háishi děi qù.

5. そのズボンはあまりに高かったので、私は買いませんでした。
   （　　）那条裤子太贵，（　　）我没买。
   （　　）nèi tiáo kùzi tài guì,（　　）wǒ méi mǎi.

6. もしお金があれば、私は海外旅行に行きます。
   （　　）有钱，我（　　）去外国旅游。
   （　　）yǒu qián, wǒ（　　）qù wàiguó lǚyóu.

7. たとえ食事をしなくても、私は仕事を完成させなければならない。
   （　　）不吃饭，我（　　）要把工作做完。
   （　　）bù chī fàn, wǒ（　　）yào bǎ gōngzuò zuòwán.

8. 彼女の家は学校から近いのですが、よく遅刻します。
   （　　）她家离学校很近，（　　）她经常迟到。
   （　　）tā jiā lí xuéxiào hěn jìn,（　　）tā jīngcháng chídào.

音読にチャレンジ

STEP 1 中国語＋ピンイン

① 因为天气越来越暖和了，
Yīnwèi tiānqì yuèláiyuè nuǎnhuo le,

② 所以这两天我穿得有点儿少。
suǒyǐ zhè liǎng tiān wǒ chuānde yǒudiǎnr shǎo.

③ 昨天我生病了，有点儿发烧，咳嗽，还恶心。
Zuótiān wǒ shēngbìng le, yǒudiǎnr fāshāo, késou, hái ěxin.

④ 所以昨天我没有去上课，我去医院看病了。
Suǒyǐ zuótiān wǒ méiyou qù shàngkè, wǒ qù yīyuàn kànbìng le.

⑤ 医生给我开了药，
Yīshēng gěi wǒ kāile yào,

⑥ 医生说，如果三天后还发烧的话，就来医院打针。
yīshēng shuō, rúguǒ sān tiān hòu hái fāshāo dehuà, jiù lái yīyuàn dǎzhēn.

⑦ 我害怕打针，希望我的病快点儿好。
Wǒ hàipà dǎzhēn, xīwàng wǒ de bìng kuàidiǎnr hǎo.

STEP 2 日本語

①天気がだんだん暖かくなってきたので、②この数日ちょっと薄着でした。③昨日病気になり、少し熱があり、咳が出て、さらに吐き気もします。④だから昨日私は授業に行かず、病院に診察に行きました。⑤お医者さんは私に薬を処方してくれ、⑥もし3日後まだ熱があれば、病院に注射を打ちに来なさい、と言いました。⑦私は注射が怖いので、早く病気が良くなることを願っています。

UNIT 35

01 受身文　　　　　　　　　　　　　　　📢226

受身文は介詞"被／让／叫"を使って表します。語順は以下の通りです。

> A ＋（助動詞／副詞）＋"被／让／叫"＋ B ＋動詞＋α

主語の位置にある A は動作の受け手で、B がその動作をする人やモノ（動作主）になります。

"被／让／叫"はどれも「…される」という意味ですが、"被"が最も典型的な受身表現で、"让／叫"は話し言葉でよく使われます。

B の動作主は、"让／叫"の後ろには必ず必要ですが、"被"の後ろでは省略できるので、誰がしたのか分からない場合、言う必要がない場合は"被"を使いましょう。

動詞には結果補語などの他の成分が必要となります。

铃木｛被／让／叫｝王老师批评了。
Língmù bèi/ràng/jiào Wáng lǎoshī pīpíng le.

我的自行车又被偷了。
Wǒ de zìxíngchē yòu bèi tōu le.

我不想｛被／让／叫｝人知道这件事。
Wǒ bù xiǎng bèi/ràng/jiào rén zhīdao zhèi jiàn shì.

我的帽子被风吹走了。
Wǒ de màozi bèi fēng chuīzǒu le.

UNIT33 で学んだ"把"構文と受身文はちょうど表裏の関係にあります。"把"構文は"把"の後ろに置かれる人やモノに何らかの動作を加える（能動文）のに対して、"被"構文は主語が"被"の後ろに置かれる人やモノによって動作を加えられる（受動文）という関係にあります。

能動文

风把我的帽子吹走了。
（風が私の帽子を吹き飛ばした。）

受動文

我的帽子被风吹走了。
（私の帽子は風に吹き飛ばされた。）

単語 Check 📢225

- □ 批评 pīpíng（叱る）
- □ 偷 tōu（盗む）
- □ 知道 zhīdao（知っている）
- □ 吹 chuī（吹く）

▶コラム──中国の学生生活

　中国の高校や大学の授業は開始時間が早く、"**早上八点** zǎoshang bā diǎn"（朝8時）には授業が始まります。日本と違い1コマ45分で、午前に4コマ、午後に8コマあります。学生の多くは大学の敷地内にある"**学生宿舎** xuéshēng sùshè"（学生寮）に住んでいて、"**寝室** qǐnshì"（部屋）は4人〜8人で1部屋です。中国の大学では"**打工** dǎgōng"（アルバイト）をする学生は日本ほど多くありません。学生のアルバイトで人気があるのは"**家教** jiājiào"（家庭教師）、"**发传单** fā chuándān"（チラシ配り）、"**推销员** tuīxiāoyuán"（販売員）などです。"**星巴克** Xīngbākè"（スターバックス）や"**肯德基** Kěndéjī"（ケンタッキー）など外資系飲食チェーンでアルバイトをする学生もいます。時給は7元〜10元程度と決して高くありません。外国語学部の学生なら、通訳や翻訳など自分の専攻と関係があるアルバイトを選択できますが、これは北京や上海などの大都市の場合で、地方都市では仕送りで生活をしている学生も多いようです。

UNIT 35

Check 次の語句を正しい語順に並べ替えて、日本語に訳してみよう

1. 这本小说 / 我 / 把 / 看完 / 都 / 了 /。

2. 我 / 作业 / 做完 / 没 / 把 /。

3. 把 / 我 / 丢 / 护照 / 了 /。

4. 把 / 雨伞 / 我 / 教室里 / 忘在 / 了 /。

💬 言ってみよう

▶次の"把"構文を"被"構文に言い換えてみよう

1. 弟はテレビを壊しました。

   我弟弟把电视机弄坏了。
   Wǒ dìdi bǎ diànshìjī nònghuài le.

2. 泥棒は私のパソコンを盗んでいきませんでした。

   小偷儿没把我的电脑偷走。
   Xiǎotōur méi bǎ wǒ de diànnǎo tōuzǒu.

3. 学生たちは教室のゴミを捨てました。

   学生们把教室里的垃圾扔了。
   Xuéshengmen bǎ jiàoshì li de lājī rēng le.

4. お母さんはまたゲーム機を持って行きました。

   我妈妈又把游戏机拿走了。
   Wǒ māma yòu bǎ yóuxìjī názǒu le.

🅰 訳してみよう

1. 私も蚊に刺されました。　※蚊子 wénzi（蚊）、咬 yǎo（咬む）

2. 彼はこれまで先生に叱られたことがありません。

3. 王くんは学生代表に選ばれました。

4. 私の話は彼女に聞かれてしまいました。

5. その本はたったいま誰かに借りて行かれました。

音読にチャレンジ

🔊 227

STEP 1 中国語＋ピンイン ☐☐☐

①田中最近一直很倒霉。
　Tiánzhōng zuìjìn yìzhí hěn dǎoméi.

②他的自行车上个星期被小偷偷了，
　Tā de zìxíngchē shàng ge xīngqī bèi xiǎotōu tōu le,

③他的钱包这个星期又被偷了。
　tā de qiánbāo zhèige xīngqī yòu bèi tōu le.

④今天他来上课的时候，又被摩托车撞了。
　Jīntiān tā lái shàngkè de shíhou, yòu bèi mótuōchē zhuàng le.

⑤人没有被撞伤，但是他的电脑被撞坏了。
　Rén méiyou bèi zhuàngshāng, dànshì tā de diànnǎo bèi zhuànghuài le.

⑥今天他回到家发现，他的蛋糕也被弟弟吃了。
　Jīntiān tā huídào jiā fāxiàn, tā de dàngāo yě bèi dìdi chī le.

⑦田中说他要崩溃了。
　Tiánzhōng shuō tā yào bēngkuì le.

UNIT 35

STEP 2 日本語 ☐☐☐

①田中くんは最近ずっとついていません。②自転車が先週泥棒に盗まれ、③財布も今週盗まれました。④今日彼は授業に来る時に、オートバイにもはねられました。⑤彼自身にケガはなかったのですが、パソコンが壊れてしまいました。⑥今日彼が家に帰ると、ケーキも弟に食べられたのを見つけました。⑦踏んだり蹴ったりだと田中くんは言いました。

UNIT 36

01 兼語文 🔊229

兼語文とは2つの「主語＋動詞＋目的語」から成り立っていて、1つめの動詞の目的語が同時に2つめの動詞の主語となっている文のことを言います。

次の例文で見てみましょう。□で囲んだ"小李"は①文の目的語であり、②文の主語になっています。この"小李"という語は目的語と主語を兼ねているので「兼語」と言います。

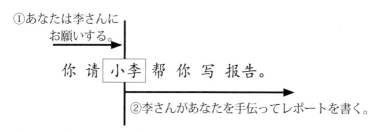

①あなたは李さんにお願いする。
②李さんがあなたを手伝ってレポートを書く。

日本語では「李さんにレポートを書くのを手伝ってもらいなさい。」と訳すのが自然でしょう。

我们 都 选 他 当 班长。
Wǒmen dōu xuǎn tā dāng bānzhǎng.

王 老师 推荐 田中 参加 讲演 比赛。
Wáng lǎoshī tuījiàn Tiánzhōng cānjiā jiǎngyǎn bǐsài.

请 允许 我 说 几 句 话。
Qǐng yǔnxǔ wǒ shuō jǐ jù huà.

動詞"有"を使った兼語文もあります。

主語＋"有/没有"＋兼語（名詞）＋動詞/形容詞＋目的語

我 有 一 个 朋友 叫 张 平。
Wǒ yǒu yí ge péngyou jiào Zhāng Píng.

这儿 没有 人 会 说 汉语。
Zhèr méiyǒu rén huì shuō Hànyǔ.

単語 Check 🔊228

- □ 帮 bāng
  （手伝う、助ける）
- □ 报告 bàogào
  （レポート）
- □ 选 xuǎn（選ぶ）
- □ 当 dāng（～になる）
- □ 班长 bānzhǎng
  （クラスのリーダー）
- □ 推荐 tuījiàn（薦める）
- □ 讲演 jiǎngyǎn（講演）
- □ 比赛 bǐsài（試合）
- □ 允许 yǔnxǔ
  （許可する）
- □ 句 jù
  （[ことばを数える]）
- □ 话 huà（ことば、話）
- □ 父母 fùmǔ（両親）
- □ 常常 chángcháng
  （しばしば、いつも）
- □ 感动 gǎndòng
  （感動する）

02 使役文　　　　　　　　　　　　　　🔊230

使役文はAがBに働きかけた結果としてBがある行為を行ったり、AがBにある行為を強いるという構文です。中国語では以下の語順になります。
使役文もBが兼語となる兼語文です。

> "让 ràng"
> A +（"不 / 没"）+ "叫 jiào" + B + 動詞＋目的語 ←Bがする行為
> "使 shǐ"

"让 / 叫 / 使"という3つの使役動詞の使い分けは以下の通りです。
"让"は「その人の望み通りにさせてあげる」という意味で、話し言葉、書き言葉の両方に使われます。
"叫"は「言いつけて～させる、～するように言う」という意味で、主に話し言葉で使われ、やや命令口調で、くだけた表現になります。
"使"は上述の2つとは違って、積極的に働きかけるものではなく、ある事柄によって何らかの状態・変化・心理的活動をもたらされる場合に使います。
否定を表す"不 / 没"、副詞、助動詞は使役動詞の前に置きます。

父母 不 让 我 一 个 人 住。
Fùmǔ bú ràng wǒ yí ge rén zhù.

妈妈 常常 叫 我 打扫 房间。
Māma chángcháng jiào wǒ dǎsǎo fángjiān.

她 的 话 使 我们 感动 了。
Tā de huà shǐ wǒmen gǎndòng le.

主語のない"让我～"、"让我们～"という言い方は願望や呼びかけを表します。

让 我 过去。
Ràng wǒ guòqu.

让 我们 做得 更 好！
Ràng wǒmen zuòde gèng hǎo！

□ "让 / 叫"はUNIT35で学んだ受身文でも使用されていましたね。使役文と受身文は語順が同じなので、どちらの文として使われているかは前後関係から判断しなければならず、要注意です。

言ってみよう

▶次の2つの文をつなげて、兼語文にして言ってみよう

1. 彼はよく私たちに中華料理をごちそうしてくれます。
    - A：他常常请我们。　　　Tā chángcháng qǐng wǒmen.
    - B：我们吃中国菜。　　　Wǒmen chī Zhōngguócài.
2. 医者は父にたくさん野菜を食べるように勧めました。
    - A：医生劝爸爸。　　　　Yīshēng quàn bàba.
    - B：爸爸多吃蔬菜。　　　Bàba duō chī shūcài.
3. 彼は私に切符を買いに行くように頼みました。
    - A：他求我。　　　　　　Tā qiú wǒ.
    - B：我去给他买票。　　　Wǒ qù gěi tā mǎi piào.
4. 母は弟がまじめに勉強しないと叱ります。
    - A：妈妈批评弟弟。　　　Māma pīpíng dìdi.
    - B：弟弟学习不认真。　　Dìdi xuéxí bú rènzhēn.
5. 彼女には小学校に通っている2人の子どもがいます。
    - A：她有两个孩子。　　　Tā yǒu liǎng ge háizi.
    - B：两个孩子在上小学。　Liǎng ge háizi zài shàng xiǎoxué.

訳してみよう

1. 私はあなたを駅まで送りましょう。

2. 先生は渡辺さんを勤勉であるとほめました。

3. 会社は彼女をアメリカに派遣するつもりです。

4. 両親は私に彼と結婚しないように言います。

5. この事は私をとても不安にさせます。　　※不安 bù'ān（不安である）

音読にチャレンジ

🔊 231

STEP 1 中国語 + ピンイン

①我很喜欢打游戏。
Wǒ hěn xǐhuan dǎ yóuxì.

②可是，爸爸不让我打游戏。
Kěshì, bàba bú ràng wǒ dǎ yóuxì.

③爸爸在家的时候，他总是让我学英语。
Bàba zài jiā de shíhou, tā zǒngshì ràng wǒ xué Yīngyǔ.

④他给了我一本英语书，让我每天学习一点儿。
Tā gěile wǒ yì běn Yīngyǔshū, ràng wǒ měi tiān xuéxí yìdiǎnr.

⑤下个星期，爸爸的公司派他去美国出差，他要去一个星期。
Xià ge xīngqī, bàba de gōngsī pài tā qù Měiguó chūchāi, tā yào qù yí ge xīngqī.

⑥我很高兴，因为我可以打游戏了。
Wǒ hěn gāoxìng, yīnwèi wǒ kěyǐ dǎ yóuxì le.

⑦但是爸爸让我每天给他打电话，告诉他我学习英语的情况。
Dànshì bàba ràng wǒ měi tiān gěi tā dǎ diànhuà, gàosu tā wǒ xuéxí Yīngyǔ de qíngkuàng.

UNIT 36

STEP 2 日本語

①私はゲームをするのが好きです。②しかし、父は私にゲームをしないように言います。③父が家にいる時はいつも私に英語を勉強するように言います。④父は私に1冊の英語の本をくれて、毎日少し勉強するように言いました。⑤来週、父の会社は父をアメリカへ出張に行かせ、父は、1週間行かなければいけません。⑥ゲームができるから私はうれしいです。⑦しかし父は私に、毎日父に電話をかけて、英語の学習状況を知らせるように言いました。

UNIT 37

01 疑問詞の呼応表現　　　🔊233

同じ疑問詞が前後で呼応する文です。このタイプの呼応は、前半部分が条件を示しています。

你想看什么就看什么。
Nǐ xiǎng kàn shénme jiù kàn shénme.
あなたが見たい何か→その何かを見る
　＝あなたが見たいものを見なさい。

上記の例文では、前の疑問詞は任意の「何か」を指し、後の疑問詞は前の疑問詞が指している「その何か」を表します。

你想去哪儿，我们就去哪儿。
Nǐ xiǎng qù nǎr, wǒmen jiù qù nǎr.
（あなたが行きたいどこか→私たちはそのどこかに行く
　＝あなたが行きたい所に私たちは行きます。）

你要哪个，我就给你哪个。
Nǐ yào něige, wǒ jiù gěi nǐ něige.
（あなたが欲しいどれか→私はそのどれかをあなたにあげる
　＝あなたが欲しい物を私はあげます。）

谁先做完，谁就先回去吧。
Shéi xiān zuòwán, shéi jiù xiān huíqu ba.
（誰かが先にやり終わる→その誰かが先に帰る
　＝やり終わった人から先に帰りなさい。）

我明天几点起床，就几点去。
Wǒ míngtiān jǐ diǎn qǐchuáng, jiù jǐ diǎn qù.
（私は明日何時かに起きる→その何時かに行く
　＝私は明日、起きた時間に行きます。）

単語 Check 🔊232
□ 先 xiān（先に、まず）

▶コラム――辞書を選ぶ

　オンライン辞書では『Weblio 中国語辞典』と『北辞郎』が有名です。『Weblio 中国語辞典』は解説も例文も充実しているため学習者向けです。『北辞郎』はユーザー参加型のオンライン辞書で、翻訳者を中心に編集されているため、収録数が多く、新語への対応も早く、常に新しい単語がアップされているのが特徴で、上級者向けの辞書と言えます。

　電子辞書で、中国語のコンテンツが収録されているのは CASIO の EX-word の一択です。複数の辞書を串刺し検索でき、ピンインが分からなくても手書きで調べられるのは非常に便利です。

　iPad/iPhone などのスマホ向けの辞書としては小学館の『中日辞典』(第 3 版)と『日中辞典』(第 3 版)がセットになった「小学館 中日・日中辞典（第 3 版）」があります。

　紙の辞書には初学者向けのものから上級者向けのもの、さらに特定の専門分野を扱ったものと、電子辞書やオンライン辞書に比べ種類が豊富にあります。たとえば中中辞典は商務印書館《现代汉语词典》、中日辞典では講談社『中日辞典 第 3 版』、小学館『中日辞典第 3 版』がお薦めです。また初学者向けの辞書として、朝日出版社『はじめての中国語学習辞典』というのもあります。自分にぴったりな 1 冊を是非見つけてみてください。

💬 言ってみよう

▶ (　) に日本語の意味に合うよう語句を入れて言ってみよう

1. 言いたい人が言う。

   (　　　) 想说 (　　　) 就说。
   　　　　xiǎng shuō　　　　jiù shuō.

2. あるものを食べる。

   有 (　　　) 就吃 (　　　)。
   Yǒu　　　　jiù chī

3. 仕事があるところに私は行きます。

   (　　　) 有工作，我就去 (　　　)。
   　　　　yǒu gōngzuò, wǒ jiù qù

4. あなたがしたいようにしたらいいです。

   你想 (　　　) 办就 (　　　) 办。
   Nǐ xiǎng　　　bàn jiù　　　bàn.

5. あなたの来たい時に来なさい。

   你要 (　　　) 来就 (　　　) 来。
   Nǐ yào　　　lái jiù　　　lái.

6. 私が必要なお金をお母さんがくれます。

   我需要 (　　　) 钱，妈妈就给我 (　　　) 钱。
   Wǒ xūyào　　　qián, māma jiù gěi wǒ　　　qián.

🅰 訳してみよう

1. あなたが欲しいだけあげます。

2. 食べたいものを何でも食べてください。

3. 食べたいだけ食べてください。

4. あなたが好きなものを注文してください。

5. 行きたいところに行ってください。

音読にチャレンジ

STEP 1 中国語 + ピンイン

①昨天小王请我吃中国菜。
Zuótiān Xiǎo-Wáng qǐng wǒ chī Zhōngguócài.

②那家中国菜馆的菜太多了，我不知道要点什么。
Nèi jiā Zhōngguó càiguǎn de cài tài duō le, wǒ bù zhīdào yào diǎn shénme.

③小王说，你别客气，想吃什么就吃什么，
Xiǎo-Wáng shuō, nǐ bié kèqi, xiǎng chī shénme jiù chī shénme,

④这家菜馆的菜不贵。
zhèi jiā càiguǎn de cài bú guì.

⑤我点了四个菜，没想到菜的量很大，我吃不下了。
Wǒ diǎnle sì ge cài, méi xiǎngdào cài de liàng hěn dà, wǒ chībuxià le.

⑥小王说，不要勉强，想吃多少就吃多少，
Xiǎo-Wáng shuō, búyào miǎnqiǎng, xiǎng chī duōshao jiù chī duōshao,

⑦剩下的可以打包。
shèngxià de kěyǐ dǎbāo.

STEP 2 日本語

①昨日王さんが中国料理をごちそうしてくれました。②その中華レストランの料理はとても多く、何を注文すればいいか分かりませんでした。③王さんは、遠慮しないで、食べたいものを食べて、④このレストランの料理は高くないからと言いました。⑤私は4つの料理を頼みましたが、料理の量が多いとは思わなかったので、食べきれませんでした。⑥王さんは無理しないで、食べたいだけ食べて、⑦残ったのは持ち帰れるからと言いました。

UNIT 38

01 離合動詞 　📢236

これまでに何度か出ていましたが、最後に離合動詞（離詞）についてまとめて確認しておきましょう。中国語の2音節動詞には2つのパターンがあります。1つは"学习"、"休息"のように2つの漢字がしっかりと結びついているもの。もう一つは"看病"（病を看る＝診察する）、"结婚"（婚を結ぶ＝結婚する）のように動詞＋目的語（名詞）という組み合わせからできているものです。このような動詞のことを離合動詞と言います。前方が動詞で、後方が目的語なので、動詞の重ね型は前方の動詞の部分のみを繰り返します。また助詞の"了"、"着"、"过"や時間の長さ・回数も前方の動詞のすぐ後ろに置きます。

その動詞が離合動詞かどうかを見分ける方法ですが、辞書で"看病"を引いて、ピンインに注目してください。ピンイン表記が"kàn//bìng"となっています。「//」が離合動詞であるという印です。

では、以下に覚えておきたい離合動詞の一覧を挙げておきます。

帮忙	bāng//máng（助ける）	吃惊	chī//jīng	（びっくりする）
出差	chū//chāi（出張する）	打工	dǎ//gōng	（アルバイトをする）
放假	fàng//jià（休みになる）	滑冰	huá//bīng	（スケートをする）
滑雪	huá//xuě（スキーをする）	见面	jiàn//miàn	（会う）
请假	qǐng//jià（休みを取る）	散步	sàn//bù	（散歩する）
生气	shēng//qì（怒る）	睡觉	shuì//jiào	（寝る）
跳舞	tiào//wǔ（踊る）	洗澡	xǐ//zǎo	（風呂に入る）
游泳	yóu//yǒng（泳ぐ）	照相	zhào//xiàng	（写真を撮る）

我们 去 散散 步, 好 不 好?
Wǒmen qù sànsan bù, hǎo bu hǎo?

我 从来 没 滑过 冰。
Wǒ cónglái méi huáguo bīng.

你 还 生 我 的 气 吗?
Nǐ hái shēng wǒ de qì ma?

単語 Check 📢235

- ☐ 美丽 měilì（美しい）
- ☐ 眼睛 yǎnjing（目）
- ☐ 头发 tóufa（髪の毛）
- ☐ 做法 zuòfǎ
  （方法、やり方）
- ☐ 意见 yìjian
  （意見、考え）
- ☐ 长 zhǎng（育つ）
- ☐ 帅 shuài（かっこいい）
- ☐ 跳 tiào（跳ぶ、跳ねる）
- ☐ 好好儿 hǎohāor
  （十分に、よく）
- ☐ 认真 rènzhēn（まじめだ）
- ☐ 听课 tīngkè
  （授業を聞く）

Check 次の日本語を中国語に訳してみよう

1. アルバイトをしたことがある

2. 1枚写真を撮る

3. 2時間アルバイトをする

02 3つの de 🔊237

"的 / 得 / 地" の3つは全て "de" と発音しますが、役割がそれぞれ違うので、しっかり整理しておきましょう。

● "的" は修飾語と名詞をくっつけます。

> 名詞／動詞／形容詞／フレーズ＋"的"＋名詞

你的钥匙在桌子上。
Nǐ de yàoshi zài zhuōzi shang.

昨天看的电视剧很有意思。
Zuótiān kàn de diànshìjù hěn yǒu yìsi.

她有一双美丽的大眼睛，长长的头发。
Tā yǒu yì shuāng měilì de dà yǎnjing, chángcháng de tóufa.

我对他的做法有意见。
Wǒ duì tā de zuòfǎ yǒu yìjian.

● "得" は様態補語となる動詞と形容詞／フレーズをくっつけます。

> 動詞＋"得"＋形容詞／フレーズ

他长得真帅。
Tā zhǎngde zhēn shuài.

小李跳舞跳得特别好。
Xiǎo-Lǐ tiàowǔ tiàode tèbié hǎo.

● "地" は修飾語と動詞／形容詞をくっつけます。

> 副詞／形容詞／名詞＋"地"＋動詞／形容詞

你要好好儿地学习。
Nǐ yào hǎohāor de xuéxí.

学生们正在认真地听课。
Xuéshengmen zhèngzài rènzhēn de tīngkè.

她一句一句地念下去。
Tā yí jù yí jù de niànxiaqu.

Check （　　）に適切な "de"（的 / 得 / 地）を入れよう

1. 彼はピアノを弾くのがうまい。　　他弹（　　）好。
2. ちょっと簡単に紹介しましょう。　简单（　　）介绍一下吧。
3. これは私のピアノです。　　　　　这是我（　　）钢琴。

言ってみよう

▶与えられた単語を使って日本語の意味になるよう言ってみよう

1. (ちょっと彼を助ける)　　帮忙，他的
　　　　　　　　　　　　　bāngmáng tā de

2. (写真を1枚撮る)　　　　照相，张
　　　　　　　　　　　　　zhàoxiàng zhāng

3. (6時間寝る)　　　　　　睡，小时
　　　　　　　　　　　　　shuì　xiǎoshí

4. (2回会ったことがある)　见面，两次
　　　　　　　　　　　　　jiànmiàn liǎng cì

5. (1時間半スキーをする)　滑雪，小时
　　　　　　　　　　　　　huáxuě　xiǎoshí

6. (1週間に3回アルバイトをする)　星期，打工，次
　　　　　　　　　　　　　　　　　xīngqī　dǎgōng　cì

訳してみよう

1. あなたは何回スキーをしたことがありますか。

2. 私は2日間休みを取りました。

3. 私はお風呂に入ったらすぐ寝ました。

4. 彼女は車の運転はどうですか。

5. 私がまずちょっと簡単に紹介しましょう。

音読にチャレンジ

STEP 1 中国語＋ピンイン

①我的朋友田中个子很高，长得很帅。②他很喜欢运动。
Wǒ de péngyou Tiánzhōng gèzi hěn gāo, zhǎngde hěn shuài. Tā hěn xǐhuan yùndòng.

③他篮球打得不错，网球也打得很好。
Tā lánqiú dǎde búcuò, wǎngqiú yě dǎde hěn hǎo.

④他还喜欢滑雪。⑤每年冬天都要去长野滑几次雪。
Tā hái xǐhuan huáxuě. Měi nián dōngtiān dōu yào qù Chángyě huá jǐ cì xuě.

⑥我没滑过雪。⑦今年寒假我让他教我滑雪了。
Wǒ méi huáguo xuě. Jīnnián hánjià wǒ ràng tā jiāo wǒ huáxuě le.

⑧他真是一位好老师，非常认真地告诉我滑雪的方法，
Tā zhēnshi yí wèi hǎo lǎoshī, fēicháng rènzhēn de gàosu wǒ huáxuě de fāngfǎ,

⑨我学得很快。
wǒ xuéde hěn kuài.

⑩现在我也能滑得很好了。
Xiànzài wǒ yě néng huáde hěn hǎo le.

STEP 2 日本語

①私の友人の田中くんは背が高く、かっこいいです。②彼はスポーツが大好きです。③バスケットボールが上手で、テニスも上手です。④彼はスキーも好きです。⑤毎年冬には長野に何回かスキーに行きます。⑥私はスキーをしたことがありません。⑦今年の冬休みに私は彼にスキーを教えてくれるように言いました。⑧彼は本当に良い先生で、非常に真剣にスキーのやり方を教えてくれたので、⑨私は早く覚えました。⑩今では私も上手に滑ることができるようになりました。

簡体字練習帳

01 行書や草書を利用した漢字
ごんべん・しょくへん

「ごんべん」「しょくへん」はそれぞれ "讠"、"饣" に簡略化します。"言"、"食" のように単独で使われる場合、"警" のように「へん」以外の場所に出現する場合は簡略化しません。

簡体字	日本語漢字 / 繁体字	ピンイン	例
话	日:話 繁:話	huà	说话 shuō//huà（話をする） 普通话 pǔtōnghuà（中国語の標準語） 电话 diànhuà（電話）
语	日:語 繁:語	yǔ	汉语 Hànyǔ（中国語） 英语 Yīngyǔ（英語）
请	日:請 繁:請	qǐng	请 qǐng（どうぞ） 请问 qǐngwèn（お尋ねします） 请坐 qǐng zuò（お座り下さい）
说	日:説 繁:說	shuō	说 shuō（話す） 说明 shuōmíng（説明する）
谢	日:謝 繁:謝	xiè	谢谢 xièxie（ありがとう） 不用谢 búyòng xiè（礼には及びません） ▲ "谢" の "身" の "ノ" の部分が突き抜けない
词	日:詞 繁:詞	cí	词 cí（単語） 生词 shēngcí（新出単語） 词典 cídiǎn（辞典）
课	日:課 繁:課	kè	课 kè（授業） 上课 shàng//kè（授業をする、授業を受ける） 课文 kèwén（教科書の本文）
饭	日:飯 繁:飯	fàn	吃饭 chī//fàn（食事をする） 饭店 fàndiàn（ホテル） 晚饭 wǎnfàn（夕食） ▲ "反" の一画目の方向が違う
馆	日:館 繁:館	guǎn	饭馆 fànguǎn（レストラン） 餐馆 cānguǎn（レストラン）
饿	日:餓 繁:餓	è	饿 è（お腹が空いた） 饿死了 è sǐ le（お腹が空きすぎ）
饺	日:餃 繁:餃	jiǎo	饺子 jiǎozi（餃子） 水饺 shuǐjiǎo（水餃子）
饼	日:餅 繁:餅	bǐng	饼干 bǐnggān（ビスケット）

書いてみよう

◆次の日本語と同じ意味になるように□に該当する簡体字を書き入れなさい。

❶電話をかける。

Dǎ　diànhuà.

❷中国語を話す。

Shuō　Hànyǔ.

❸どうぞお座りください。

Qǐng　zuò.

❹もう一度言って下さい。

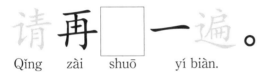
Qǐng　zài　shuō　yí biàn.

❺礼には及びません。

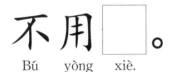
Bú　yòng　xiè.

❻この辞書はとても高い。

Zhè　běn　cídiǎn　hěn　guì.

❼本文を読む（音読する）。

Niàn　kèwén.

❽夕食を食べる。

Chī　wǎnfàn.

02 行書や草書を利用した漢字
いとへん・かねへん

「いとへん」と「かねへん」は"纟"、"钅"に簡略化します。"糸"、"金"のように単独で使われる場合、"繁"のように「へん」以外の場所に出現する場合は簡略化しません。また「絲」→"丝"のように略される例や「録」→"录"のように「かねへん」が消える例もあります。

漢字	日/繁	なぞり				語例
给	日给 繁給 gěi	给				给 gěi（あげる） 给 gěi（～に）
级	日級 繁級 jí	级				年级 niánjí（～年生） 上级 shàngjí（上司）
纪	日紀 繁紀 jì	纪				纪念 jìniàn（記念する） 年纪 niánjì（年齢）
经	日経 繁經 jīng	经				经济 jīngjì（経済） 已经 yǐjīng（すでに） 经常 jīngcháng（いつも） ▲「圣」が"圣"になる
纸	日紙 繁紙 zhǐ	纸				纸 zhǐ（紙） 纸巾 zhǐjīn 　（ティッシュペーパー）
红	日紅 繁紅 hóng	红				红 hóng（赤い） 西红柿 xīhóngshì（トマト）
结	日結 繁結 jié	结				结婚 jié//hūn（結婚する） 结束 jiéshù（終わる）
绍	日紹 繁紹 shào	绍				介绍 jièshào（紹介する）
铁	日鉄 繁鐵 tiě	铁				铁 tiě（鉄） 地铁 dìtiě（地下鉄）
银	日銀 繁銀 yín	银				银行 yínháng（銀行） 银联卡 Yínliánkǎ（銀聯カード）
钱	日銭 繁錢 qián	钱				钱 qián（お金） 多少钱 duōshao qián（いくら） 钱包 qiánbāo（サイフ） ▲右側の線が一本少なくなる
错	日錯 繁錯 cuò	错				错 cuò（間違っている） 不错 búcuò（かなりいい）

書いてみよう

◆次の日本語と同じ意味になるように□に該当する簡体字を書き入れなさい。

❶私は友達に手紙を書く。

　Wǒ　　gěi　　péngyou　　xiě　　xìn.

❷小学一年生。

　Xiǎoxué　　yī　　niánjí.

❸私はよく外国に旅行に行く。

　Wǒ　　jīngcháng　　qù　　wàiguó　　lǚyóu.

❹おいくつですか。

　Nín　　duō dà　　niánjì?

❺地下鉄に乗っていく。

　Zuò　　dìtiě　　qù.

❻いくらですか。

　Duōshao　　qián?

❼私は結婚したいです。

　Wǒ　　xiǎng　　jiéhūn.

❽紅茶を飲む。

　Hē　　hóngchá.

03 行書や草書を利用した漢字
鳥→鸟・書→书

漢字全体を崩した形が簡体字として採用されたグループです。「鶏」→"鸡"、「輛」→"辆"のように「ヘン」以外の場所にある場合でも簡略化された形が使われます。

簡体字	日/繁					例
书	日書 / 繁書 shū	书				书 shū（本） 看书 kàn shū（本を読む）
长	日長 / 繁長 cháng/zhǎng	长				长 cháng（長い） 长 zhǎng（成長する） ▲書き順に注意 长长长长
乐	日楽 / 繁樂 yuè/lè	乐				音乐 yīnyuè（音楽） 可乐 kělè（コーラ） ▲画数、書き順に注意 乐乐乐乐
汤	日湯 / 繁湯 tāng	汤				汤 tāng（スープ） 玉米汤 yùmǐtāng（コーンスープ） ▲書き順に注意 汤汤汤
兴	日興 / 繁興 xìng	兴				高兴 gāoxìng（うれしい） 兴趣 xìngqù（興味）
两	日両 / 繁兩 liǎng	两				两 liǎng（2つの） 两个学生 liǎng ge xuésheng（2人の学生）
鱼	日魚 / 繁魚 yú	鱼				鱼 yú（魚） 生鱼片 shēngyúpiàn（刺身）
为	日為 / 繁爲 wéi/wèi	为				因为 yīnwèi（〜なので） 为了 wèile（〜のため）
龙	日龍 / 繁龍 lóng	龙				龙 lóng（龍） ▲書き順に注意 龙龙龙龙
鸟	日鳥 / 繁鳥 niǎo	鸟				鸟 niǎo（鳥） ▲書き順に注意 鸟鸟鸟鸟
农	日農 / 繁農 nóng	农				农业 nóngyè（農業） 农民 nóngmín（農民）
专	日専 / 繁專 zhuān	专				专家 zhuānjiā（専門家） 专门 zhuānmén（専門の） ▲書き順に注意 专专专

書いてみよう

◆次の日本語と同じ意味になるように□に該当する簡体字を書き入れなさい。

❶ 本を1冊買う。

Mǎi　yì　běn　shū.

❷ 象は鼻が長い。

Dàxiàng　bízi　hěn　cháng.

❸ 音楽を聴く。

Tīng　yīnyuè.

❹ スープを飲む。

Hē　tāng.

❺ 私は（とても）うれしい。

Wǒ　hěn　gāoxìng.

❻ 2台のタクシー。

Liǎng　liàng　chūzū　qìchē.

❼ 一匹の魚。

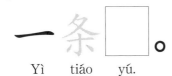

Yì　tiáo　yú.

❽ 一羽の鳥。

Yì　zhī　niǎo.

04 行書や草書を利用した漢字
車→车・東→东

「車」と「東」の簡体字はよく書き間違えてしまう字の一つです。似ているようで異なります。「東」が「つくり」の位置に来る字は基本的には"东"と同じように簡略化されますが、"练"と"炼"のみ"东"のように簡略化されます。

簡体字	日/繁	ピンイン	練習				語例
车	車/車	chē	车				汽车 qìchē（自動車） 电车 diànchē（電車） 自行车 zìxíngchē（自転車） 下车 xià chē（下車する）
较	較/較	jiào	较				比较 bǐjiào（わりと）
连	連/連	lián	连				连接 liánjiē（つながる） 连 lián（〜さえも）
东	東/東	dōng	东				东 dōng（東） 东西 dōngxi（もの）
冻	凍/凍	dòng	冻				冻 dòng（凍る）
练	練/練	liàn	练				练习 liànxí（練習する） 训练 xùnliàn（訓練する）
马	馬/馬	mǎ	马				马 mǎ（馬） 马路 mǎlù（大通り） 马上 mǎshàng（すぐに）
骑	騎/騎	qí	骑				骑 qí（乗る、またがる）
驾	駕/駕	jià	驾				驾照 jiàzhào（運転免許証）
门	門/門	mén	门				门 mén（ドア） 门口 ménkǒu（入口）
问	問/問	wèn	问				问 wèn（質問する、尋ねる） 问题 wèntí（問題）
间	間/間	jiān	间				时间 shíjiān（時間） 空间 kōngjiān（空間）

書いてみよう

◆次の日本語と同じ意味になるように□に該当する簡体字を書き入れなさい。

❶電車に乗る。

Zuò　　diànchē.

❷ドアを開ける。

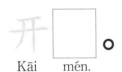
Kāi　mén.

❸お尋ねします。

Qǐngwèn.

❹買い物に行く。

Qù　mǎi　dōngxi.

❺自転車に乗る。

Qí　　zìxíngchē.

❻時間が無い。

Méiyǒu　shíjiān.

❼漢字を書く練習をする。

Liànxí　xiě　Hànzì.

❽大通りを渡る。

Guò　mǎlù.

05 行書や草書を利用した漢字
貝→贝・見→见

「見」を含む漢字は"见"のように簡略化されます。ただし「親」→"亲"のように「見」を全て取り除くパターンもあります。「貝」と「頁」は下の部分が"人"に簡略化されます。繁体字に「貝」が含まれる「売（賣）」や「読（讀）」のような字は"人"とは略されず、"头"に置き換えられ、"卖"、"读"のように簡略化されます。

簡	繁	ピンイン	例
贵	貴	guì	贵 guì（[値段が]高い）
厕	廁	cè	厕所 cèsuǒ（トイレ）
质	質	zhì	质量 zhìliàng（品質）／性质 xìngzhì（性質）
见	見	jiàn	见 jiàn（会う）／见面 jiànmiàn（会う）
视	視	shì	电视 diànshì（テレビ）／电视剧 diànshìjù（テレビドラマ）
现	現	xiàn	现在 xiànzài（今）／实现 shíxiàn（実現する）
页	頁	yè	页 yè（ページ）／第三十二页 dì sānshí'èr yè（32ページ）
题	題	tí	题目 tímù（テーマ）
颜	顔	yán	颜色 yánsè（色）
头	頭	tóu	头 tóu（頭）／头疼 tóuténg（頭が痛い）
买	買	mǎi	买 mǎi（買う）／买东西 mǎi dōngxi（買い物をする）
卖	賣	mài	卖 mài（売る）／买卖 mǎimai（商売）

書いてみよう

◆次の日本語と同じ意味になるように□に該当する簡体字を書き入れなさい。

❶この本は（とても）高い。

❷トイレはどこですか。

❸お久しぶりです。

❹テレビを見る。

❺いま何時ですか。

❻服を一着買う。

❼何色ですか。

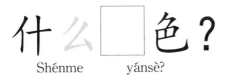

❽頭が痛い。

06 漢字の一部が置き換わる / 一部が日本の漢字と異なる

05と同様に漢字の異なるパーツを一つの共通するパーツに置き換えています。

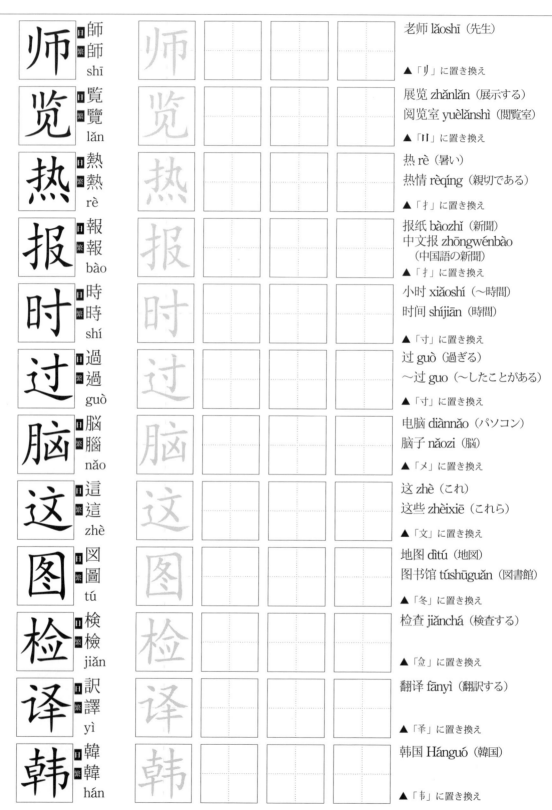

簡体字	日/繁	ピンイン	例
师	日 師 / 繁 師	shī	老师 lǎoshī（先生） ▲「リ」に置き換え
览	日 覧 / 繁 覽	lǎn	展览 zhǎnlǎn（展示する） 阅览室 yuèlǎnshì（閲覧室） ▲「儿」に置き換え
热	日 熱 / 繁 熱	rè	热 rè（暑い） 热情 rèqíng（親切である） ▲「扌」に置き換え
报	日 報 / 繁 報	bào	报纸 bàozhǐ（新聞） 中文报 zhōngwénbào（中国語の新聞） ▲「扌」に置き換え
时	日 時 / 繁 時	shí	小时 xiǎoshí（〜時間） 时间 shíjiān（時間） ▲「寸」に置き換え
过	日 過 / 繁 過	guò	过 guò（過ぎる） 〜过 guo（〜したことがある） ▲「寸」に置き換え
脑	日 脳 / 繁 腦	nǎo	电脑 diànnǎo（パソコン） 脑子 nǎozi（脳） ▲「メ」に置き換え
这	日 這 / 繁 這	zhè	这 zhè（これ） 这些 zhèixiē（これら） ▲「文」に置き換え
图	日 図 / 繁 圖	tú	地图 dìtú（地図） 图书馆 túshūguǎn（図書館） ▲「冬」に置き換え
检	日 検 / 繁 檢	jiǎn	检查 jiǎnchá（検査する） ▲「佥」に置き換え
译	日 訳 / 繁 譯	yì	翻译 fānyì（翻訳する） ▲「𪚔」に置き換え
韩	日 韓 / 繁 韓	hán	韩国 Hánguó（韓国） ▲「韦」に置き換え

書いてみよう

◆次の日本語と同じ意味になるように□に該当する簡体字を書き入れなさい。

❶母は小学校の先生です。

❷今日は非常に暑い。

❸新聞を読む。

❹これは私の教科書です。

❺2時間待つ。

❻私はパソコンを持っていません。

❼私は地図を1枚持っています。

❽彼は韓国人です。

07 漢字の一部が特定のパーツに置き換わる
一部が日本の漢字と異なる

「漢」「対」「歓」「鶏」の「莫」「寸」「隹」「奚」という異なるパーツを「又」のように一つの共通するパーツに置き換えます。

难	日 難 / 繁 難 / nán	难				难 nán (難しい) 困难 kùnnan (困難) ▲「又」に置き換え
汉	日 漢 / 繁 漢 / hàn	汉				汉语 Hànyǔ (中国語) 汉字 Hànzì (漢字) ▲又に置き換え
对	日 対 / 繁 對 / duì	对				对 duì (はい、正しい) 对 duì (〜に対して) ▲「又」に置き換え
欢	日 歓 / 繁 歡 / huān	欢				欢迎 huānyíng (歓迎する) 喜欢 xǐhuan (好き) ▲「又」に置き換え
喝	日 喝 / 繁 喝 / hē	喝				喝 hē (飲む) 喝茶 hē chá (お茶を飲む) ▲「人」に置き換え
岁	日 歳 / 繁 歲 / suì	岁				岁 suì (歳) ▲「夕」に置き換え
动	日 動 / 繁 動 / dòng	动				运动 yùndòng (スポーツ) 活动 huódòng (活動する) ▲「云」に置き換え
营	日 営 / 繁 營 / yíng	营				营业 yíngyè (営業) 营养 yíngyǎng (栄養) ▲草冠に置き換え、呂は口が2つに
济	日 済 / 繁 濟 / jì	济				经济 jīngjì (経済) ▲「刂」に置き換え
风	日 風 / 繁 風 / fēng	风				刮风 guā fēng (風が吹く) 风景 fēngjǐng (風景) ▲「メ」に置き換え
还	日 還 / 繁 還 / hái/huán	还				还 hái (まだ) 还 huán (返す) ▲「不」に置き換え
净	日 浄 / 繁 淨 / jìng	净				干净 gānjìng (きれいである) ▲「冫」に置き換え

書いてみよう

◆次の日本語と同じ意味になるように□に該当する簡体字を書き入れなさい。

❶この問題はあまり難しくない。

这个问题不太□。
Zhège wèntí bú tài nán.

❷私は中日辞典を一冊持っています。

我有一本□日词典。
Wǒ yǒu yì běn Hàn-Rì cídiǎn.

❸彼は中国料理（を食べる）が好きです。

他喜□吃中国菜。
Tā xǐhuan chī Zhōngguócài.

❹何のお茶を飲みますか。

你□什么茶？
Nǐ hē shénme chá?

❺彼は今年21歳です。

他今年二十一□。
Tā jīnnián èrshíyī suì.

❻教室の中は非常にきれいです。

教室里非常干□。
Jiàoshì li fēicháng gānjìng.

❼試合はまだ始まっていません。

比赛□没有开始呢。
Bǐsài hái méiyou kāishǐ ne.

❽今日は風が吹きました。

今天刮□了。
Jīntiān guā fēng le.

08 微妙な違い　突き出る・突き出ない・点になる

線が突き出たり、突き出なかったり、線が点になったりと、日本の漢字と比べてほんの少し異なる漢字を集めてみました。どこが違うのかよく目を凝らして見てみましょう。

中	日/繁	拼音	なぞり				用例
写	写/寫	xiě	写				写 xiě（書く） ▲突き出ない
画	画/畫	huà	画				画 huà（絵を描く） 画儿 huàr（絵） ▲突き出ない
叫	叫/叫	jiào	叫				叫 jiào（[姓名を]〜と言う） ▲突き出ない
鼻	鼻/鼻	bí	鼻				鼻子 bízi（鼻） ▲突き出ない
花	花/花	huā	花				花 huā（花） 花 huā（[お金、時間を]使う） ▲突き出る
别	別/別	bié	别				别 bié（〜するな） 别的 biéde（他の） ▲突き出る
边	辺/邊	biān	边				边 biān（はし） 旁边 pángbiān（そば） ▲突き出る
解	解/解	jiě/jiè/xiè	解				解决 jiějué（解決する） 了解 liǎojiě（理解する） ▲突き出る
穿	穿/穿	chuān	穿				穿 chuān（くつ、ズボンをはく） ▲「あなかんむり」の一部が「ハ」になる
今	今/今	jīn	今				今天 jīntiān（今日） 今年 jīnnián（今年） ▲「一」が点になる
房	房/房	fáng	房				房间 fángjiān（部屋） 房子 fángzi（家） ▲「一」が点になる
低	低/低	dī	低				低 dī（低い） ▲「一」が点になる

書いてみよう

◆次の日本語と同じ意味になるように□に該当する簡体字を書き入れなさい。

❶手紙を一通書く。

Xiě yì fēng xìn.

❷私は絵を描く。

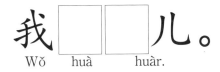
Wǒ huà huàr.

❸あなたは何という名前ですか。

Nǐ jiào shénme míngzi?

❹お金を使う。

Huā qián.

❺慌てないで。

Bié zháojí.

❻私はコートを着ていません。

Wǒ méi chuān dàyī.

❼私は今日気分が悪い。

Wǒ jīntiān bù shūfu.

❽部屋を片付ける。

Shōushi fángjiān.

09 微妙な違い つながる・減る・向きが変わる

「骨」→"骨"のようにパーツの一部の向きを変えたり、「差」→"差"のように線をつなげたりすることで、画数を減らし簡略化するものがあります。また"非"のように縦棒を払わずまっすぐ止めたり、"反"のように一画目の書く向きが変わるなどの違いも必見です。

滑 huá	日 滑 / 繁 滑					滑 huá（滑る） 滑冰 huá//bīng（スケートをする） 滑雪 huá//xuě（スキーをする） ▲向きに注意
带 dài	日 帯 / 繁 帶					带 dài（身に着ける） 领带 lǐngdài（ネクタイ） ▲画数が減る
步 bù	日 歩 / 繁 步					散步 sàn//bù（散歩する） 跑步 pǎobù（ジョギングする） ▲画数が減る
单 dān	日 単 / 繁 單					菜单 càidān（メニュー） 简单 jiǎndān（簡単である） ▲画数が減る
线 xiàn	日 線 / 繁 線					路线 lùxiàn（ルート） 号线 hàoxiàn（〜号線） ▲画数が減る
换 huàn	日 換 / 繁 換					换钱 huàn//qián（両替する）
晚 wǎn	日 晩 / 繁 晚					晚 wǎn（遅い） 晚上 wǎnshang（夜） ▲つながる
包 bāo	日 包 / 繁 包					包 bāo（包む） 书包 shūbāo（カバン） 面包 miànbāo（パン） ▲つながる
差 chā/chà/chāi/cī	日 差 / 繁 差					差 chà（不足する） 出差 chūchāi（出張する） ▲つながる
非 fēi	日 非 / 繁 非					非常 fēicháng（非常に） ▲とめる
所 suǒ	日 所 / 繁 所					研究所 yánjiūsuǒ（研究所） 厕所 cèsuǒ（トイレ） 所以 suǒyǐ（だから） ▲右から払う
反 fǎn	日 反 / 繁 反					反对 fǎnduì（反対する） 反应 fǎnyìng（反応する） ▲右から払う

書いてみよう

◆次の日本語と同じ意味になるように□に該当する簡体字を書き入れなさい。

❶ 私はスケートができます。

我会□冰。
Wǒ huì huábīng.

❷ 私はお金を持っていません。

我没□钱。
Wǒ méi dài qián.

❸ ちょっと散歩に行きましょう。

去散散□吧。
Qù sànsan bù ba.

❹ これは私のカバンです。

这是我的书□。
Zhè shì wǒ de shūbāo.

❺ 今日は非常に暑い。

今天□常热。
Jīntiān fēicháng rè.

❻ 時間がもう遅くなりました。

时间已经□了。
Shíjiān yǐjīng wǎn le.

❼ トイレは右側にあります。

厕□在右边。
Cèsuǒ zài yòubian.

❽ 2時3分前（1時57分）。

□三分两点。
Chà sān fēn liǎng diǎn.

簡体字 09

10 微妙な違い 簡体字＝繁体字

簡体字と繁体字が同じで、日本の漢字が独自に簡略化した例です。たとえば"天"は2本の横線の長さが日本語の「天」とは異なり、上が短く、下線が長くなります。この練習帳には掲載していませんが"谁"の"隹"も、実は点の向きが異なります。このような微妙な違いが多いので注意して見ましょう。

漢字	日/繁	なぞり				例
笑	笑 / 笑 xiào	笑				笑 xiào（笑う） 笑话 xiàohua（笑い話）
黑	黑 / 黑 hēi	黑				黑色 hēisè（黒色） 黑板 hēibǎn（黒板）
直	直 / 直 zhí	直				一直 yìzhí（ずっと） 直接 zhíjiē（直接） ▲つながってまっすぐ
海	海 / 海 hǎi	海				北海道 Běihǎidào（北海道） 上海 Shànghǎi（上海） ▲「母」になる
德	德 / 德 dé	德				德语 Déyǔ（ドイツ語） 德国 Déguó（ドイツ） ▲線が多い
天	天 / 天 tiān	天				天 tiān（〜日間） 明天 míngtiān（明日） 白天 báitiān（昼間） ▲横棒、上が短く、下が長い
增	增 / 增 zēng	增				增加 zēngjiā（増加する）
器	器 / 器 qì	器				机器 jīqi（機器） ▲「大」ではなく「犬」
突	突 / 突 tū	突				突然 tūrán（突然である） ▲「穴」の中は「八」 ▲「大」ではなく「犬」
收	收 / 收 shōu	收				收 shōu（受け取る） 收拾 shōushi（片付ける） ▲「又」ではなく「夂」
改	改 / 改 gǎi	改				改 gǎi（改める） 改变 gǎibiàn（変える） ▲「己」がはねる
派	派 / 派 pài	派				派 pài（派遣する）

書いてみよう

◆次の日本語と同じ意味になるように□に該当する簡体字を書き入れなさい。

❶（もう）笑わないで。

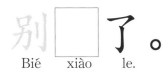
別 □ 了。
Bié xiào le.

❷ 1着の黒い服。

一件 □ 色的衣服。
Yí jiàn hēisè de yīfu.

❸私はずっと時間がない。

我一 □ 没有时间。
Wǒ yìzhí méiyǒu shíjiān.

❹上海で仕事をする。

在上 □ 工作。
Zài Shànghǎi gōngzuò.

❺部屋を片付ける。

□ 拾房间。
Shōushi fángjiān.

❻私は大学でドイツ語を勉強しています。

我在大学学 □ 语。
Wǒ zài dàxué xué Déyǔ.

❼すぐに人を向かわせます。

马上 □ 人去看看。
Mǎshàng pài rén qù kànkan.

❽また明日。

明 □ 见。
Míngtiān jiàn.

11 一部を残して簡略化
電→电　開→开

大胆に漢字を簡略化しているのがこのパターン。上・下・左・右・外・中のどこかのパーツが姿を消します。ただし「開」→ "开"、「関」→ "关"、「問」→ "问" のように同じ「もんがまえ」を持つ漢字でも簡略化の方法が異なるものもあるので注意して1つずつ確実に覚えていきましょう。

电	日電 繁電 diàn	电				电影 diànyǐng（映画） 电视台 diànshìtái（テレビ局） ▲上を消す
儿	日児 繁兒 ér	儿				儿子 érzi（息子） 这儿 zhèr（ここ） ▲上を消す
业	日業 繁業 yè	业				作业 zuòyè（宿題） 毕业 bì//yè（卒業する） ▲下を消す
丽	日麗 繁麗 lì	丽				美丽 měilì（美しい） ▲下を消し、上の線がつながる
杂	日雑 繁雜 zá	杂				杂志 zázhì（雑誌） 复杂 fùzá（複雑である） ▲右を消し、「木」を「ホ」にする
离	日離 繁離 lí	离				离 lí（～から、～まで） 离开 lí//kāi（離れる） ▲右を消す
亲	日親 繁親 qīn	亲				父亲 fùqin（父親） 母亲 mǔqin（母親） 亲爱 qīn'ài（親愛なる） ▲右を消す、「木」→「ホ」
乡	日郷 繁鄉 xiāng	乡				家乡 jiāxiāng（故郷） 故乡 gùxiāng（故郷） ▲右を消す
录	日録 繁錄 lù	录				录音 lùyīn（録音する） 记录 jìlù（記録する） ▲左を消す
务	日務 繁務 wù	务				服务员 fúwùyuán（従業員） 服务 fúwù（サービス） ▲左を消す、「攵」→「夂」
开	日開 繁開 kāi	开				开 kāi（開ける、スイッチを入れる） 开门 kāi//mén（ドアを開ける） 开车 kāi//chē（車を運転する） ▲外側を消す
关	日関 繁關 guān	关				关 guān（閉める、スイッチを切る） 关门 guān//mén（ドアを閉める） 关心 guān//xīn（関心を持つ） ▲外側を消す

書いてみよう

◆次の日本語と同じ意味になるように□に該当する簡体字を書き入れなさい。

❶今日映画を見に行きますか。

今天你去看□影吗？
Jīntiān nǐ qù kàn diànyǐng ma?

❷私は雑誌を1冊買いたい。

我想买一本□志。
Wǒ xiǎng mǎi yì běn zázhì.

❸私の家は学校から遠い。

我家□学校很远。
Wǒ jiā lí xuéxiào hěn yuǎn.

❹私の母親は英語の先生です。

我母□是英语老师。
Wǒ mǔqin shì Yīngyǔ lǎoshī.

❺窓を閉める。

□窗户。
Guān chuānghu.

❻エアコンをつける。

□空调。
Kāi kōngtiáo.

❼宿題をする。

做作□。
Zuò zuòyè.

12 一部を残して簡略化

広→广　飛→飞

「広」は中のムを省略して"广"のように簡略化しています。ところが「歯」→"齿"のように日本の漢字から見るとどこを省略したものか分からないものでも、繁体字「齒」を見ると、省略している部分が分かることがあります。

广	日:広 / 繁:廣 guǎng	广 guǎng（広い） 广场 guǎngchǎng（広場） ▲内側を消す
气	日:気 / 繁:氣 qì	天气 tiānqì（天気） 不客气 bú kèqi（ご遠慮なく） ▲内側を消す
厂	日:廠 / 繁:廠 chǎng	工厂 gōngchǎng（工場） ▲内側を消す
飞	日:飛 / 繁:飛 fēi	飞 fēi（飛ぶ） 飞机 fēijī（飛行機） ▲いろいろ消す
从	日:従 / 繁:從 cóng	从 cóng（〜から） 从来 cónglái（これまで） ▲いろいろ消す
习	日:習 / 繁:習 xí	学习 xuéxí（勉強する） 复习 fùxí（復習する） ▲左上の「习」以外を消す
爱	日:愛 / 繁:愛 ài	爱 ài（好む） 爱好 àihào（趣味） ▲「心」を消す
爷	日:爺 / 繁:爺 yé	爷爷 yéye（おじいさん） ▲下の「耶」の部分を簡略化
节	日:節 / 繁:節 jié	节 jié（授業のコマ） 节日 jiérì（祝祭日） 春节 Chūnjié（春節） ▲「竹冠」を「草冠」に変更
齿	日:歯 / 繁:齒 chǐ	牙齿 yáchǐ（歯） ▲繁体字と比べてみよう
丰	日:豊 / 繁:豐 fēng	丰富 fēngfù（豊かである） ▲繁体字と比べてみよう
总	日:総 / 繁:總 zǒng	总 zǒng（いつも） 总经理 zǒngjīnglǐ（社長） ▲繁体字と比べてみよう

書いてみよう

◆次の日本語と同じ意味になるように□に該当する簡体字を書き入れなさい。

❶ 今日は天気が悪い。

Jīntiān　tiānqì　bù　hǎo.

❷ 新学期は4月から始まります。

Xīn　xuéqī　cóng　sìyuè　kāishǐ.

❸ 飛行機に乗る。

Zuò　fēijī.

❹ 毎日中国語を勉強します。

Měi tiān　xuéxí　Hànyǔ.

❺ 明日2コマ授業があります。

明天 有 両□课。
Míngtiān　yǒu　liǎng　jié　kè.

❻ 彼は韓国料理を食べるのが好きです。（彼は韓国料理が好物である。）

Tā　ài　chī　Hánguócài.

❼ 彼はいつも部屋で本を読む。

Tā　zǒngshì　zài　fángjiān　li　kànshū.

❽ 品物が非常に豊富だ。

Shāngpǐn　fēicháng　fēngfù.

13 2つを1つに 復・複 → 复

「機」と「机」はいずれも "jī" という同じ発音です。そこで難しい「機」という漢字を「机」で代用しようという発想から生まれた簡体字です。

吃	日: 吃喫 繁: 吃喫 chī					吃 chī（食べる） 好吃 hǎochī（おいしい）
机	日: 机機 繁: 机機 jī					手机 shǒujī（携帯電話） 飞机 fēijī（飛行機） ▲「機」の「幾」の部分が「几」に
志	日: 志誌 繁: 志誌 zhì					杂志 zázhì（雑誌）
复	日: 復複 繁: 復複 fù					复习 fùxí（復習する） ▲両者で共通する「复」を残す
后	日: 后後 繁: 后後 hòu					后 hòu（後ろ） 后边 hòubian（後ろ） 后天 hòutiān（明後日）
才	日: 才纔 繁: 才纔 cái					才 cái（やっと） 刚才 gāngcái（さっき）
发	日: 発髪 繁: 發髪 fā/fà					发电子邮件 fā diànzǐ yóujiàn 　（メールを出す） 头发 tóufa（髪の毛）
干	日: 干乾幹 繁: 干乾幹 gān/gàn					干 gàn（する） 干燥 gānzào（乾燥する）
个	日: 個箇 繁: 個箇 gè/ge					个 ge（〜個） 个子 gèzi（背丈）
历	日: 暦歴 繁: 曆歷 lì					历史 lìshǐ（歴史） 经历 jīnglì（経歴）
里	日: 里裏 繁: 里裏裡 li/lǐ					里 li（〜中） 里边 lǐbian（中）
舍	日: 舎捨 繁: 舍捨 shè/shě					宿舍 sùshè（宿舎） ▲下が突き出る

書いてみよう

◆次の日本語と同じ意味になるように□に該当する簡体字を書き入れなさい。

❶この料理は本当においしい。

Zhège　cài　zhēn　hǎochī.

❷飛行機に乗る。

Zuò　fēijī.

❸雑誌を読む。

Kàn　zázhì.

❹先に少し復習をしましょう。

Xiān　fùxí　yíxià　ba.

❺教室は食堂の後ろにあります。

Jiàoshì　zài　shítáng　hòubian.

❻髪を切る。

Jiǎn　tóufa.

❼あなたは何をしているのですか。

Nǐ　zài　gàn　shénme　ne?

❽宿舎に帰る。

Huí　sùshè.

14 元・远 (yuan) 漢字の音に注目

「遠」と「元」は共に yuǎn という音です。そこで「遠」の一部をより簡単な同音の漢字に置き換えることで"远"のように簡略化しています。このように漢字の一部を同じ音(あるいは似た音)を持つより簡単な漢字に置き換えることで簡略化することがあります。

远 yuǎn	日遠 繁遠	远				远 yuǎn(遠い) 永远 yǒngyuǎn(永遠) ▲音で置き換え "元 yuán"
听 tīng	日聽 繁聽	听				听 tīng(聞く) 听音乐 tīng yīnyuè(音楽を聴く) ▲似た音で置き換え "斤 jīn"
艺 yì	日芸 繁藝	艺				艺术 yìshù(芸術) 文艺 wényì(文芸) ▲音で置き換え "乙 yǐ"
进 jìn	日進 繁進	进				进 jìn(入る) 进来 jìnlái(入ってくる) ▲似た音で置き換え "井 jǐng"
药 yào	日薬 繁藥	药				药 yào(薬) 吃药 chī yào(薬を飲む) ▲音で置き換え "约 yuē"
邮 yóu	日郵 繁郵	邮				邮局 yóujú(郵便局) 邮票 yóupiào(切手) ▲音で置き換え "由 yóu"
迟 chí	日遅 繁遲	迟				迟到 chídào(遅刻する) ▲音で置き換え "尺 chǐ"
华 huá	日華 繁華	华				中华人民共和国 Zhōnghuá rénmín gònghéguó(中華人民共和国) ▲音で置き換え "化 huà"
帮 bāng	日幇 繁幫	帮				帮 bāng(手伝う) 帮助 bāngzhù(助ける) ▲音で置き換え "邦 bāng"
认 rèn	日認 繁認	认				认真 rènzhēn(まじめである) 认为 rènwéi(〜と思う) ▲音で置き換え "人 rén"
识 shí/zhì	日識 繁識	识				认识 rènshi(知り合う) 知识 zhīshi(知識) ▲似た音で置き換え "只 zhī"
钟 zhōng	日鐘 繁鍾	钟				分钟 fēnzhōng(〜分間) ▲音で置き換え "中 zhōng"

書いてみよう

◆次の日本語と同じ意味になるように□に該当する簡体字を書き入れなさい。

❶道は遠い。

路 很 □。
Lù hěn yuǎn.

❷ラジオを聞く。

□ 广播。
Tīng guǎngbō.

❸お入りください。

请 □。
Qǐng jìn.

❹漢方薬を飲む。

吃 中□。
Chī zhōngyào.

❺郵便局は大学のとなりにあります。

□局在大学 旁边。
Yóujú zài dàxué pángbiān.

❻遅刻しないように。

不要 □ 到。
Búyào chídào.

❼助けてくださり、ありがとうございます。

谢谢你的 □ 助。
Xièxie nǐ de bāngzhù.

❽私は彼女を知りません。

我不 认□ 她。
Wǒ bú rènshi tā.

15 意味から想像
陽→阳　孫→孙

「人」が「木」にもたれているということから「休」という漢字ができていますが、同じように意味から漢字を組み合わせて作られたのが"笔"、"众"などで、もともとは俗字だったものに多く見られます。

简	日 / 繁	例
笔	筆 / 筆　bǐ	铅笔 qiānbǐ（鉛筆） 自动铅笔 zìdòng qiānbǐ（シャープペンシル） 圆珠笔 yuánzhūbǐ（ボールペン）
阳	陽 / 陽　yáng	太阳 tàiyang（太陽） 阳光 yángguāng（日光）
泪	泪 / 淚　lèi	泪 lèi（涙） 眼泪 yǎnlèi（涙）
众	衆 / 眾　zhòng	群众 qúnzhòng（群衆） 观众 guānzhòng（観衆）
孙	孫 / 孫　sūn	孙子 sūnzi（孫）
响	響 / 響　xiǎng	响 xiǎng（音がする） 影响 yǐngxiǎng（影響する）
队	隊 / 隊　duì	足球队 zúqiúduì（サッカーチーム） 排队 páiduì（列に並ぶ）
桌	卓 / 桌　zhuō	桌子 zhuōzi（机）
肤	膚 / 膚　fū	皮肤 pífū（皮膚）
护	護 / 護　hù	护照 hùzhào（パスポート） 保护 bǎohù（保護する） ▲「戸」の横線が点になる
惊	驚 / 驚　jīng	吃惊 chī//jīng（驚く）

書いてみよう

◆次の日本語と同じ意味になるように□に該当する簡体字を書き入れなさい。

❶ 1本のシャープペンシル

一支自动铅□。
Yì zhī zìdòng qiānbǐ.

❷これは私のパスポートです。

这是我的□照。
Zhè shì wǒ de hùzhào.

❸この机は私のです。

这张□子是我的。
Zhè zhāng zhuōzi shì wǒ de.

❹今日は太陽が出ていません。

今天没有太□。
Jīntiān méiyǒu tàiyang.

❺私の孫は賢い。

我的□子很聪明。
Wǒ de sūnzi hěn cōngming.

❻整列乗車をお願いします。

请排□上车。
Qǐng páiduì shàngchē.

❼私はそのとき非常に驚いた。

我那时非常吃□。
Wǒ nà shí fēicháng chījīng.

❽私はたくさん涙を流した。

我流了很多□。
Wǒ liúle hěn duō lèi.

16 日本語では見ない字
做、乒、吗、卡

生活レベルで使われる中国語の漢字の中には、日本語にはないものも多く見られます。"你"(あなた)、"爸爸"(お父さん)、"妈妈"(お母さん)、"裤子"(ズボン)、"很"(とても)などは、よく使われるのでしっかりとマスターしましょう。

漢字	日/繁	ピンイン				語例
找	找/找	zhǎo				找 zhǎo（探す） 找到 zhǎodào（見つける）
站	站/站	zhàn				车站 chēzhàn（駅） 站 zhàn（立つ）
做	—/做	zuò				做 zuò（する） 做菜 zuò//cài（料理を作る）
咖	—/咖	kā				咖啡 kāfēi（コーヒー）
乒	—/乒	pīng				乒乓球 pīngpāngqiú（卓球）
吧	—/吧	ba				吧 ba（〜でしょう、〜しましょう）
吗	—/嗎	ma				吗 ma（〜ですか）
爸	—/爸	bà				爸爸 bàba（お父さん）
哥	哥/哥	gē				哥哥 gēge（お兄さん）
跟	跟/跟	gēn				跟 gēn（〜と）
卡	—/卡	kǎ				卡 kǎ（カード） 信用卡 xìnyòngkǎ（クレジットカード）

書いてみよう

◆次の日本語と同じ意味になるように□に該当する簡体字を書き入れなさい。

❶コーヒーを3杯飲む。

Hē　　sān bēi　　　kāfēi.

❷駅で会いましょう。

Zài　　chēzhàn　　jiànmiàn　ba.

❸母はちょうど食事を作っている。

Māma　　zhèngzài　　zuò　fàn　ne.

❹先生を探す。

Zhǎo　　lǎoshī.

❺彼はクリスマスカードを10枚買った。

Tā　　mǎile　　shí　zhāng　　shèngdànkǎ.

❻卓球をしましょう。

Dǎ　　pīngpāngqiú　　ba.

❼父は上海で働いています。

Wǒ　　bàba　　zài　Shànghǎi　　gōngzuò.

著者

紅粉　芳惠（大阪産業大学国際学部 准教授）

氷野　善寛（目白大学外国語学部 専任講師）

阿部慎太郎（近畿大学法学部 講師）

板垣　友子（杏林大学 外国語学部特任教授）

張　　軼欧（関西外国語大学英語国際学部 准教授）

海　　暁芳（北京市建華実験学校 中学教師）

本文デザイン　　氷野善寛
本文イラスト　　駒澤零
ナレーション　　李軼倫・李茜

例文音読でマスター！中国語文法

2018年9月1日　初版第1刷発行
2022年4月1日　初版第3刷発行

発行者　井田洋二

発行所　株式会社　駿河台出版社
〒101-0062　東京都千代田区神田駿河台3-7
電話　03-3291-1676　FAX　03-3291-1675
E-mail:info@e-surugadai.com
URL:http://www.e-surugadai.com

印刷　フォレスト
ISBN978-4-411-03120-4　C1087　¥1900E

中国語音節全表

韻母 声母	1																
	a	o	e	-i	er	ai	ei	ao	ou	an	en	ang	eng	ong	i	ia	iao	ie
b	ba	bo				bai	bei	bao		ban	ben	bang	beng		bi		biao	bie
p	pa	po				pai	pei	pao	pou	pan	pen	pang	peng		pi		piao	pie
m	ma	mo	me			mai	mei	mao	mou	man	men	mang	meng		mi		miao	mie
f	fa	fo					fei		fou	fan	fen	fang	feng					
d	da		de			dai	dei	dao	dou	dan		dang	deng	dong	di		diao	die
t	ta		te			tai		tao	tou	tan		tang	teng	tong	ti		tiao	tie
n	na		ne			nai	nei	nao	nou	nan	nen	nang	neng	nong	ni		niao	nie
l	la		le			lai	lei	lao	lou	lan		lang	leng	long	li	lia	liao	lie
g	ga		ge			gai	gei	gao	gou	gan	gen	gang	geng	gong				
k	ka		ke			kai	kei	kao	kou	kan	ken	kang	keng	kong				
h	ha		he			hai	hei	hao	hou	han	hen	hang	heng	hong				
j															ji	jia	jiao	jie
q															qi	qia	qiao	qie
x															xi	xia	xiao	xie
zh	zha		zhe	zhi		zhai	zhei	zhao	zhou	zhan	zhen	zhang	zheng	zhong				
ch	cha		che	chi		chai		chao	chou	chan	chen	chang	cheng	chong				
sh	sha		she	shi		shai	shei	shao	shou	shan	shen	shang	sheng					
r			re	ri				rao	rou	ran	ren	rang	reng	rong				
z	za		ze	zi		zai	zei	zao	zou	zan	zen	zang	zeng	zong				
c	ca		ce	ci		cai		cao	cou	can	cen	cang	ceng	cong				
s	sa		se	si		sai		sao	sou	san	sen	sang	seng	song				
	a	o	e		er	ai	ei	ao	ou	an	en	ang	eng		yi	ya	yao	ye